写真1. 上空から見た南アルプス、甲斐駒ヶ岳（2967m）・北岳（3193m）・間ノ岳（3190m）・西農鳥岳（3051m）・塩見岳（3052m）の残雪と疎らな層雲（雲海）（2016年3月25日）
写真2. 真夏の八ヶ岳（赤岳、2899m）と雲海に浮かぶ富士山（2012年8月22日）

写真3. 太郎山（2373m）からの薬師岳（2926m）と太郎平小屋（2014年7月25日）
写真4. 雲ノ平から見た黒部五郎岳（2840m）と黒部源流域（2014年7月26日）

写真5. ワリモ岳（2888m）から見た鷲羽岳（2924m）と左に僅かに見える槍ヶ岳（3180m）（2014年7月26日）
写真6. 花崗岩の風化で白色に見える野口五郎岳（2924m）－南真砂岳（2713m）の稜線（2014年7月26日）

写真7. 燕山荘から見た白い花崗岩で尖った燕岳（2763m）（2014年9月23日）
写真8. 表銀座コースの燕岳ー大天井岳（2922m）間より見た北（右）からの裏銀座コースの三ツ岳（2845m）ー野口五郎岳（2924m）ー水晶岳（2986m）ー南真砂岳（2713m）（手前）ー鷲羽岳（2924m）ー三俣蓮華岳（2841m）（2014年9月23日）

写真9. 横通岳（2767m）より見た鎮座する常念岳（2857m）と常念小屋（2014年9月24日）
写真10. 木曽駒ヶ岳（2956m）取っ付きの残雪のある千畳敷カール（圏谷）（2015年7月11日）

写真11. 抜戸岳（2813m）より南方に見える笠形の笠ヶ岳（2898m）（2015年8月1日）
写真12. 立ちはだかる右の西農鳥岳（3051m）と左の農鳥岳（3026m）（2015年8月23日）

写真13. 越百山（2614m）より見た御嶽山（御嶽）（剣ヶ峰、3067m）と乗鞍岳（3026m）（2015年9月5日）

写真14. 南駒ヶ岳（2841m）の北方に聳える空木岳（2864m）（2015年9月5日）

写真15. 観音岳（鳳凰山、2841m）頂上からの雲海に浮かぶ富士山（3776m）（2015年9月23日）

写真16. オベリスク（地蔵仏岩）の名が付く花崗岩で被われた地蔵ヶ岳（鳳凰山、2764m）（2015年9月23日）

写真17. 五竜山荘付近から見た朝日に輝く岩山の五竜岳（2814m）（2016年7月22日）

写真18. 悪天の蝙蝠岳（2865m）に行く前の晴天下の塩見岳（3052m）（2016年8月20日）

写真19．烏帽子岳（2726m）から見た右の小河内岳（2802m）と左の悪沢岳（東岳、荒川東岳）（3141m）
（2016年8月21日）

写真20．双耳峰の水晶岳（黒岳、2986m）と左の赤牛岳（2864m）（2016年8月25日）

写真21．栗沢山（2714m）よりの急斜面のある特徴的な甲斐駒ヶ岳（2967m）（2017年6月24日）

写真22．蝶ヶ岳（2677m）より左から見た西穂高岳（2909m）、前穂高岳（3090m）、穂高岳（奥穂高岳）（3190m）、涸沢岳（3110m）、北穂高岳（3106m）、南岳（3033m）（2017年7月10日）

写真23．蝶ヶ岳（2677m）より左からの北穂高岳（3106m）、南岳（3033m）、中岳（3084m）、大喰岳（3101m）、槍ヶ岳（3180m）、西岳（2758m）、赤岩岳（2769m）、大天井岳（2922m）（2017年7月10日）

写真24．スバリ岳（2752m）より右から見た龍王岳（2872m）、浄土山（2831m）、立山（大汝山3015m、雄山3003m）、真砂岳（2861m）、別山（2880m）、左下方は黒部湖（2017年8月3日）

写真25. 北岳山荘からの北岳（3193m）で形成された吊雲（羽雲）と日暮れ間近の富士山（3776m）（2017年8月24日）
写真26. 馬ノ背から見た左からの宝剣岳（2931m）、中岳（2925m）、木曽駒ヶ岳（2956m）の勇姿（2017年9月21日）

写真27. 鏡平山荘の鏡池に映る針葉樹と中央の槍ヶ岳（3180m）、右に南岳（3033m）、左に樅沢岳（2755m）（2017年9月25日）
写真28. 兎岳（2818m）から見た西方にそびえ立つ聖岳（前聖岳、3013m）（2018年7月16日）

写真29. 聖岳（3013m）北方の重鎮として鎮座する赤石岳（3121m）（2018年7月16日）
写真30. 間ノ岳（3190m）山頂での記念写真、左は北岳（3193m）（2018年7月23日）

写真31．三峰岳（2999m）から見た左よりの仙丈ヶ岳（3033m）、鋸岳（2685m）、甲斐駒ヶ岳（2967m）（2018年7月23日）

写真32．安倍荒倉岳（2693m）－新蛇抜山（2667m）南方の北荒川岳（2698m）から見た塩見岳（3052m）（2018年7月24日）

写真33．西岳（2758m）から間近に見た峻立する槍ヶ岳（3180m）と雪渓（2018年8月2日）

写真34．室堂平から見たみくりが池と立山から北に続く真砂岳（2861m）－別山（2880m）（2018年9月6日）

写真35．別山（北峰、2880m）より見た峻険な岩峰の剱岳（2999m）と雪渓（2018年9月6日）

写真36．富士成就岳付近からの富士山（剣ヶ峰、3776m）最高峰と富士火口の残雪（2019年8月10日）

日本百高山の
完全単独踏破

MAKI Taichi　真木　太一

文芸社

まえがき

　1960年の高校登山で石鎚山（天狗岳1982m）に初登頂した。その石鎚山は日本百名山の一つで、西日本一であり日本の半分で最も高い事を相当経ってから認識した。高校一年時の西条高校は、夏の全国高校野球大会で優勝した。

　なお、太線：百高山、細線：百名山、二重線：百高・名山である。

　1962～1968年の学生時代に富士山、奥穂高岳など幾つか高山に登った。1968年農林省・農技研（東京）に就職してから忙しくなり、登山は余りできなかったが、それでも自然や山が本来好きであるため時々登山していた。1969～1971年の南極観測越冬隊員、1977～1978年の米国留学、1983年10～12月の盲腸・腸閉塞・腹膜炎の大病で相当期間、登山はできなかった。その後1985～1999年の農水省の研究所時代には研究の合間に山に登っていた。1999～2001年は愛媛大（松山）、2001～2006年は九州大（福岡）、2006～2008年は琉球大（那覇）にいたため四国・九州・沖縄の山に登った。

　2005年に紫綬褒章を受章し、日本学術会議会員の多忙の中でも、2005年9月立山－真砂岳－別山－剱岳、2006年5～8月祖母山、九重山、白山、2007年8月甲斐駒ヶ岳・仙丈岳の本格登山を年1回程度したが、2007年10月の心臓手術とさらなる多忙さで、5年間登山はできなかった。

3

2009年に筑波大に異動し、2011年に日本学術会議会員から連携会員に変わり幾分余裕ができて2012年乗鞍岳、八ヶ岳、御嶽山に登った。しかし2013年1月腹内癒着で2度目の開腹手術を受けた。気温が上がり幾分回復が進む中、三浦雄一郎氏（著者と同じ狭心症）が70、75歳に引き続き、2013年5月23日に80歳にしてエベレストに登頂した事に、強い刺激を受けると共に勇気を得た。当時69歳だったが、体力がかなり回復して7月悪沢岳－中岳－赤石岳、8月聖岳、塩見岳等々の18山に登り、本格登山が急激に増えた。この頃に日本百高山（国土地理院認定、標高順）と日本百名山（深田久弥選定）を踏破しようと思い、生き甲斐の一つとなっていた。

　2013年末には日本百高山・日本百名山の登頂は共に30余山だった。体力がある内に登ろうと思って、高い難しい山からと考え、2013〜2014年は百高山を目指していた。しかし、2014年9月著書『自然の風・風の文化』のあとがきに真木の百名山（50高山と形態・気象・特徴的50名山）を提示した事で、「日本百名山未踏破で百高山・真木の百名山ですか」の疑問を考慮して、先に百名山踏破に変更すると共に、2014年以降に集中的に登山をした。

　2014年は百高山・百名山共に40〜50山、2015年には約70山に到達し、2016年9月3日の羅臼岳で日本百名山を踏破し、まずは第一の目的を果たした。

　2016年末には百高山は75山まで踏破して、2017年末には百高山は約90山に達し、2018年9月には日本百高山を

踏破して念願が叶い、第二の目的を果たした。感無量であった。その結果、百高山は1963〜2018年の55年間、完全単独踏破は2019年8月18日の笹山で56年間、百名山は1960〜2016年の56年間、完全単独踏破は2019年10月24日の剣山で59年間となり、長くかかった。

　その間、山行に関連した外出は約280回に及んだ。その内、百高山・百名山は171山（重複29山）あり、複数回と単独行の登山のために、約150回の山行であった。

　特に病気との関連で振り返ると、1983年10月の開腹手術、2007年10月心臓・狭心症手術（身体障害者）と12月前立腺肥大症手術で5年間登山できず、やっと2012年より登山を再開するが、再び2013年1月の開腹手術の空白期があった中でも、2013〜2018年に集中して百高山・百名山を達成した。多数回の病気や高齢化にも拘わらず、良くもまあ踏破できたものと、我ながら感心している。

　2018年当時では、登山はほとんど（98％）が単独行であり、8割が心臓の身障者および70歳以上になってからであった。この時点で『75歳・心臓身障者の日本百名山・百高山単独行』（真木、2019）を出版した。

　その後も完全単独登山を目指し、上述の通り2019年に日本百高山、日本百名山の完全単独踏破を達成した。

　しかし高齢化やコロナ禍で登山は激減したが、反発で山行を再開すると共に、これまでの山行・登山を振り返り、踏破・奮闘記として、思い切って新たに「日本百高山の完全単独踏破」を出版する事とした。

なお最後の6章に、山行に参考になるかと思い、登山者へのアドバイスを記述した。お役に立てば幸いである。

　2022年11月12日

　最初に登った百名山の<u>石鎚山</u>から百高山の<u>笹山</u>を振り返って

真木太一

目　次

1. はじめに

　2018年1月の誕生日（74歳）を迎えるに当たり、それまでの山行・登山の本を発行する事にした。2019年の日本百名山・百高山をまとめた踏破・奮闘記『75歳・心臓身障者の日本百名山・百高山単独行』（真木、2019）に続いて、2022年9月に日本百高山中心の完全単独登山記を執筆する事を思い付いた。

　さて、凡例としての山の区分は百高山（太線）、百名山（細線）、百高山と百名山は百高山・百名山（二重線）で示した。主要な山名の前の①、②は登山回数を指し、山の標高（順位）の後の高1（番号）は百高山の、主に最初の登山日（必ずしもピーク登頂日ではない）を示す。同日の再登頂は合わせて1回とした。日程の前の記述例として、（車、同行者）は、交通手段としての車と同行者である。なお、同行登山以外に単独登山をしている。交通手段は飛行機・列車・電車（TX：つくばエクスプレス）・バスの利用であり、羽田の場合は飛行機を省略した。車（自家用車）とレンタカーを区分した。PAは駐車場、SAはサービスエリアの略称である。その他は一般的省略形態とした。

　日本百高・名山の記述は自宅を出てから帰るまでの全期間の記録とし、登山以外の事項は簡潔に記載すると共に、その他の登山・旅行に関連する事項も一部記述した。本格登山とは3000m前後の登山を指す。記録は自分史（真木、2018）により、山に関連する日程を拾い出すと共に、大学

ノート60冊の日記から追加して、山の内容をより詳しく記述した。

　単独登山は、全て自分1人で対応せざるを得ないため、ルート・体力・気力・時間等に不安・苦労・危険性等がある一方、マイペースで登る事ができ、急変更も可能で自由度が高く気楽で魅力的であり、ほとんど単独行であった。以降、特に記載のない場合は単独登山・山行である。

　登山等々の事項は年代順に記述した。なお、登山のコースタイムには休憩時間等は含まれない場合が多いが、本書の場合は含めている。

2. 日本百高山・日本百名山

　現在、日本百名山（深田、1964）は非常に有名である。1964年に書籍が出版されてかなり経ってからの1980年代以降の登山ブームは、これによる事が相当大きいと考えられる。丁度、経済成長期とも関連し、マスコミ、出版業界等との関連で、幾分煽り立てる傾向があったやに推測される。それにしても、国民の多くが長生きするようになる中で、趣味の一つと考え、山愛好家が多くなり、中高年の登山者が増えた。筆者もその1人である。ただし、日本では2020年1月よりの新型コロナの発生・蔓延により登山者が激減した。もちろん筆者もその内の一人であろう。なお、2022年後半より政府の規制が弱まり、登山者も一部増えているが、まだ不十分である。今後の回復を期待して、こ

こに日本百高山を中心に記述した。

2.1　日本百高山

　日本の高山の多くは日本アルプスにある。日本アルプスは北アルプス（飛騨山脈）・中央アルプス（木曽山脈）・南アルプス（赤石山脈、**写真1**）で構成されている。

　日本の山一覧（高さ順）（ウィキペディア：https://ja.wikipedia.org/wiki/日本の山一覧）、高さ順の100山リストは国土地理院発行の日本の山岳標高一覧に準拠している。

　上記の高さ順の100山リスト、すなわち3776〜2667mの100座（山）を日本百高山と呼ぶ。分布状況は、日本アルプス92（北アルプス52、南アルプス31、中央アルプス9）、その他8は八ヶ岳5、独立峰の富士山・御嶽山・白山（両毛山地）各1である。なお、乗鞍岳は北アルプス最南端として扱った。

　富士山−白山間の直径約200km円内に全て入っており、富士山・白山を除くと白馬岳−光岳の長径162kmと八ヶ岳−御嶽山の短径83kmの概ね楕円形内に入る。主要部はその南北162kmと鳳凰山−空木岳の東西47km内にあり、非常に集中している。

　標高2840m以上の50座を拾うと北ア30、南ア13、中央ア4、八ヶ岳・富士山・御嶽山各1で、白山が抜ける。3000m以上だと21座で、北ア10、南ア9、富士山、御嶽山である。富士山3776mから標高別に見ると、3150m（以上）5（座）、3100m10、3000m21、2900m32、2850m45、2800m64、

2750m80、2700m90、2667m以上100座である。

　1位富士山から100位新蛇抜山までを標高順に列挙する。ただし、1mオーダーのため同順位がある。

　1富士山（剣ヶ峰）3776m、2北岳3193m、3穂高岳（奥穂高岳）3190m、3間ノ岳3190m、5槍ヶ岳3180m、6悪沢岳（東岳、荒川東岳）3141m、7赤石岳3121m、8涸沢岳3110m、9北穂高岳3106m、10大喰岳3101m、11前穂高岳3090m、12中岳3084m（北ア）、12中岳（荒川中岳）3084m（南ア）、14御嶽山（御嶽、剣ヶ峰）3067m、15塩見岳3052m、16農鳥岳（西農鳥岳）3051m、17南岳3033m、17仙丈ヶ岳（仙丈岳）3033m、19乗鞍岳（剣ヶ峰）3026m、20立山（大汝山）3015m、21聖岳（前聖岳）3013m、22剱岳（剣岳）2999m、23水晶岳（黒岳）2986m、24甲斐駒ヶ岳2967m、25木曽駒ヶ岳2956m、26白馬岳2932m、27薬師岳2926m（北ア）、28野口五郎岳2924m、28鷲羽岳2924m、30大天井岳2922m、31西穂高岳2909m、32白馬鑓ヶ岳2903m、33八ヶ岳（赤岳）2899m、34笠ヶ岳2898m、35広河内岳2895m、36鹿島槍ヶ岳（鹿島槍岳）2889m、37別山2880m、38龍王岳2872m、39旭岳2867m、40蝙蝠岳2865m、41赤牛岳2864m、41空木岳2864m、43真砂岳2861m（立山・大汝山の北）、44双六岳2860m、45常念岳2857m、46三ノ沢岳（三沢岳）2846m、47三ツ岳2845m、48三俣蓮華岳2841m、48南駒ヶ岳2841m、48観音ヶ岳（鳳凰山、観音岳）2841m、51黒部五郎岳2840m、52横岳（八ヶ岳）2829m、53祖父岳2825m、54針ノ木岳2821m、55大

沢岳2820m、56兎岳2818m、57五竜岳2814m、58東天井岳2814m、59抜戸岳2813m、60杓子岳2812m、61中盛丸山2807m、62阿弥陀岳（八ヶ岳）2805m、63上河内岳2803m、64小河内岳2802m、65アサヨ峰2799m、65蓮華岳2799m、67薬師ヶ岳（鳳凰山、薬師岳）2780m、68高嶺2779m、69熊沢岳2778m、70剱御前2777m、71赤岩岳2769m、72大籠岳2767m、72横通岳2767m、74小蓮華山2766m、75地蔵ヶ岳（鳳凰山、地蔵岳）2764m、76燕岳2763m、77硫黄岳（八ヶ岳）2760m、78西岳2758m、79樅沢岳2755m、80スバリ岳2752m、80駒津峰2752m、82仙涯嶺2734m、83笹山（黒河内岳）2733m、84将棊頭山2730m、85檜尾岳2728m、86烏帽子岳2726m、87小太郎山2725m、88権現岳（八ヶ岳）2715m、89南真砂岳2713m、90白山（御前峰）2702m、91北荒川岳2698m、92唐松岳2696m、93安倍荒倉岳2693m、94鋸岳2685m、95赤沢岳2678m、96蝶ヶ岳2677m、97東川岳2671m、98赤沢山2670m、98爺ヶ岳2670m、100新蛇抜山2667m。

　日本百高山の全山合計は287,408mで平均2874mである。日本百高山と日本百名山の重複（複線）は29山あり、重複を除く171山の高度の合計は427,738mとなり、428km登った事になり人工衛星が良く飛ぶ高度（200〜1000km）であり、全くの驚きである。そして171で割った平均高度は2501mとなる。

　以降に詳述するが、日本百高山踏破は2018年9月11日の剱御前であり、完全単独踏破は2019年8月18日の笹山

であり、完全単独達成は感無量であった。

2.2　日本百名山

　日本百名山は1963年刊行の山岳随筆の中で、深田久弥氏（1903〜1971年）が自ら登った多くの山から「品格・歴史・個性を兼ね備え、原則として標高1500m以上の山」の選考基準で百山を選んでいる（深田、1964）。その時代背景（道路・交通・経済・作者の出身地等）の中での選定であるため、多くは納得できるが、ある程度の偏りがある事は否めない。北海道から九州までを列挙する。記述はJTBパブリック『日本百名山』による。

北海道：利尻岳（利尻山（利尻南峰））1721m、羅臼岳1661m、斜里岳1547m、阿寒岳（雌阿寒岳）1499m、大雪山（旭岳）2291m、トムラウシ山（トムラウシ）2141m、十勝岳2077m、幌尻岳2052m、後方羊蹄山（羊蹄山）1898m。

東北：岩木山1625m、八甲田山（大岳）1585m、八幡平1613m、岩手山（薬師岳）2038m、早池峰（早池峰山）1917m、鳥海山（鳥海新山）2236m、月山1984m、朝日岳（大朝日岳）1871m、蔵王山（熊野岳）1841m、飯豊山（大日岳）2128m、吾妻山（西吾妻山）2035m、安達太良山（鉄山）1709m、磐梯山1816m、会津駒ヶ岳2133m、燧岳（燧ヶ岳）2356m。

北関東・上信越：那須岳（三本槍岳）1917m、魚沼駒ヶ岳（越後駒ヶ岳）2002m、平ヶ岳2141m、巻機山1967m、至

仏山2228m、谷川岳1977m、雨飾山1963m、苗場山2145m、妙高山2454m、火打山2462m、高妻山2353m、男体山2486m、奥白根山（日光白根山）2578m、皇海山2144m、武尊山2158m、赤城山（黒檜山）1828m、草津白根山（本白根山）2171m、四阿山2354m、浅間山2568m、筑波山877m。

北アルプス北部：白馬岳2932m、五竜岳2814m、鹿島槍岳（鹿島槍ヶ岳）2889m、剣岳（剱岳）2999m、立山（大汝山）3015m。

北アルプス南部・八ヶ岳周辺：薬師岳2926m、黒部五郎岳2840m、黒岳（水晶岳）2986m、鷲羽岳2924m、槍ヶ岳3180m、穂高岳（奥穂高岳）3190m、常念岳2857m、笠ヶ岳2898m、焼岳（焼岳南峰）2455m、乗鞍岳（剣ヶ峰）3026m、御嶽山（御嶽、剣ヶ峰）3067m、美ヶ原（王ヶ頭）2034m、霧ヶ峰（車山）1925m、蓼科山2531m、八ヶ岳（赤岳）2899m。

奥秩父・南関東：両神山1723m、雲取山2017m、甲武信岳（甲武信ヶ岳）2475m、金峰山2599m、瑞牆山2230m、大菩薩岳（大菩薩嶺）2057m、丹沢山（蛭ヶ岳）1673m、富士山（剣ヶ峰）3776m、天城山（万三郎岳）1406m。

中央アルプス・南アルプス：木曽駒ヶ岳2956m、空木岳2864m、恵那山2191m、甲斐駒ヶ岳2967m、仙丈岳（仙丈ヶ岳）3033m、鳳凰山（観音岳、観音ヶ岳）2841m、北岳3193m、間ノ岳3190m、塩見岳3052m、悪沢岳（東岳、荒川東岳）3141m、赤石岳3121m、聖岳3013m、光岳

2592m。

北陸・近畿：白山（御前峰）2702m、荒島岳1523m、伊吹山1377m、大台ヶ原山（日出ヶ岳）1695m、大峰山（八経ヶ岳）1915m。

中国・四国・九州：大山（剣ヶ峰）1729m、剣山1955m、石鎚山（天狗岳）1982m、九重山（中岳）1791m、祖母山1756m、阿蘇山（高岳）1592m、霧島山（韓国岳）1700m、開聞岳924m、宮之浦岳1936m。

　日本百名山と前項の日本百高山との重複は29山であり、日本百名山の全山合計は227,621mで平均2276mである。参考として、全頂制覇百名山（https://www.momonayama.net）は227,372m、平均2274mで微妙に2m（全体で249m）低いが、その理由は山系の最高点でない（丹沢山の最高点蛭ヶ岳との差で約半分）、国土地理院の三角点改正値の未修正などのためである。

　日本百名山踏破は2016年9月3日の羅臼岳で達成した。なお、完全単独踏破は2019年10月24日の剣山で達成した。

3.　全山の登頂の記録

　日本百高山全部について記述する。一方、日本百名山については、学生時代の最初5座踏破までの名山、最後の北海道の3山および百高・名山の重複山、そして西日本一の石鎚山、東日本一の奥白根山と直近2019年以降の百名山を記述した。また、登山と密接に関連のある身体的な病

気・怪我について記述した。さらには海外での主要な活動
として、南極観測・米国留学時の事や中国での最標高地訪
問時の状況等についてごく簡単に記述した。

　なお、歴史的な行事として、時代別記録前の子供の頃の
遠足、ハイキング等を記述すると、小中学校時代に市之川
鉱山（200m）、八堂山（196m）、山火事での福武の里山
（150m）、津越の滝（130m）や遠足時に付近の山・岡等に
行ったが、高い山は登っていない。

　なお、西条市の市之川産出のアンチモン（輝安鉱）は世
界一で、米英など世界の主要なスミソニアン・大英博物館
等は希有な見事な結晶を展示しており、世界の鉱物結晶
200には、日本からただ一つ登録されている。

　旅行では松山・今治に行った程度だった。小学校修学旅
行で高知、中学校修学旅行で大阪・京都、高校修学旅行で
東京に行った。高校時代に初めて故郷の高山、石鎚山
（1982m、名1）に登った。続く百高山・名山は何と孤高の
富士山（3776m、高1名2）であった。

3.1　高校・大学・大学院9年間の登山（1959～1967年）

　1959年4月（西条高校）～ 1962年4月（東京農工大）～
1966年4月（九州大大学院）～ 1968年3月：

　学生時代の登山は少ないが印象的だった最初の石鎚山と
尾瀬の燧岳・至仏山の百名山を記述し、九重山は省略した。

　1960年7月（石鎚山）：西条－西之川－二の鎖小屋－石
鎚山（天狗岳1982m）、土小屋－白石小屋－瓶ヶ森

（1897m）－西之川－西条。西条高校2年生、初日は暑い夏の日の早朝に徒歩で西条市西之川（430m）から登り始め、汗だくになりながら、喘ぎ喘ぎ、ぐねぐね道を登り、石鎚神社成就社を越えて登ると、やがて前社ヶ森の剣山（1631m）の突き出た急峻な岩山を見て驚嘆すると共に、険しい岩斜面の厳しい環境に耐え抜いた大木の檜を見て感心した記憶がある。その内に開放的な夜明峠では緩やかなクマザサの笹原で一変した高山の景色に出遭い、やっと高山に登ったとの気持ち・感覚を覚えている。やがて急斜面の鳥居に辿り着き、一安心で山小屋に荷物を置いて日本七霊山の石鎚山に鎖（大型の鉄輪の二・三の鎖、各70m程）を伝って怖々登り、弥山（1972m）の石鎚神社奥の院にお参りした後、恐る恐る北側は200mの絶壁上に聳え立つ峻立した西日本一の名峰石鎚山（天狗岳1982m、名1：百名山1番目登頂）に圧倒されながらも登頂し、心ときめいた記憶がはっきりと思い出される。断崖絶壁の下を覗き込むと心臓がギュッと引き締まるような急峻な天狗岳を往復した後、二の鎖小屋のトイレを利用した際の、岩斜面への直接の溜まり便を見た強烈な印象が思い出される。2日目は土小屋を経て瓶ヶ森（1897m）まで縦走したが、途中珍しい高山植物を横目に愛でながら白石小屋に辿り着いた。氷見二千石の滑らかな柔らかい雰囲気の所々に格好良いシコクシラベ（シラビソ）の生えた笹原と林立する急峻な岩山の石鎚山北壁との対照的な遠望は、大変素晴らしかった。この高校時代の登山が本格的な登山への始まりだった。60

18

年以上前の遥か昔の記憶であったが、印象は圧倒的に強かった。

1963年7月19〜21日（富士山）：19日同級生と東京・府中 − 河口湖で、いきなり早くも富士山に挑戦した。＊20日（＊：車中泊か宿泊なし）晴天下、吉田ルートで登り、途中は暑くてきつかったが、頂上付近は寒かった。夏でもこんなに寒いのかと驚いた。富士山浅間大社奥宮まで火口を半周し、ついに富士山（剣ヶ峰3776m第1位、高1名2：百高山1番目、百名山2番目登頂）を極めた。当時はまだ有用・有名な富士山気象レーダーはなかった。気温は数℃だったが山を降りる途中から山麓平地の地面近くでは40℃以上の高温に疲れと眠さが加わり、頭が惚けたような感覚を初体験した。20日富士宮ルートで下山して富士宮から白糸の滝を見て富士五湖（本栖・精進・西・河口湖）を回った。河口湖から中央線に出て、＊21日に無事帰った。登山は相当きつかったが、日本一の山を踏破した事で自信が付いた。かつ、富士五湖を散策できた事で、谷川が塞き止められてできた湖の成り立ちと富士山との関係を知り地学にも興味を持った。なお、熔岩や風穴にも興味が湧いた。翌日東京発で23日西条に帰省し、暫時石鎚山に登った。

1965年8月16〜19日（奥穂高岳 − 前穂高岳）：16日夜行で府中 − 国分寺から松本に出た。＊17日松本 − 新島々 − 上高地から、弾む息を押さえながら各2時間半で横尾 − 涸沢 − 穂高岳山荘に着いた。途中まで晴天で山荘着は14時30分（14:30）だった。突然の雨で登頂は翌日にしたが何

か困難が待受けている気がした。18日晴天下、①奥穂高岳（3190m3位、高2名3）に登った。景色は素晴らしかったが、奥穂高岳から吊尾根を通って厳めしい①前穂高岳（3090m11位、高3）に登り、そこから引き返さず、間違えて直接下る道の方に進んでしまった。知り合った日大職員と登山地図にない目が回りそうな急坂を緊張し、怖々奥又白池（2470m）の岩登り（登攀）基地に下山した。崖上から荷物をロープで何回か下ろし岩場をやっと下りたが、彼はアイゼンを付けて雪渓を下りた。自分は岩場を伝って大変危うく怖い思いをしたが、辛うじて神秘的な奥又白池に着き心底安堵した。そこから中畠新道を通り上高地に下山した。親不幸者に成り兼ねなかった。間違えた時に引き返せば良かったが2人だったので下りた。登山用具の不十分な場合の行動（人に合わせる事）に注意せねばならいと思った。上高地－松本－国分寺（＊19日4時半）に着き府中に帰った。

　1965年8月25〜27日（燧岳－至仏山）：25日府中より夜行で上野－沼田に出た。＊26日沼田－大清水経由で尾瀬沼（1660m）に着き、晴天で尾瀬湿原の美しさ・貴重さに触れた。平らな湿地から高く抜きん出た燧岳（燧ヶ岳、俎嵓2346m－柴安嵓2356m、名4）に登った。燧岳・至仏山の山と対照的な広大な尾瀬の高層湿原は初めてで、緑の絨毯と池塘は新鮮で印象的だった。東電小屋に泊まった。27日湿地と対照的な三条ノ滝・平滑ノ滝を見てから至仏山（2228m、名5）－小至仏山（2162m）に登った。鳩待

峠から戸倉までの車道12kmの最後の2kmで当時は珍しい女性運転手の車に、親切にも乗せてくれた。沼田－上野で帰った。やがて山に段々と惹かれていった。

3.2　就職後〜大病手術の15年間の登山（1968〜1983年）

1968年4月（農林省・農技研）〜1983年11月（農水省・農技研最終）：

1969年11月〜1971年4月（南極観測越冬隊員）：南極昭和基地で1年間越冬し気象研究観測をした。豪州・南アフリカ・欧州旅行、氷山、氷河、大陸雪原、クラック、海氷、オーロラ、南十字星、蜃気楼、ペンギン、アザラシ、ダボハゼ、隕石、太陽・星、低温、強風、海氷上の気象観測、超安定気層中の風、強気温逆転層等々、素晴らしい貴重な見聞・体験をした。山に関しては、スイスのユングフラウ山（展望台3571m、雪山・氷河の絶景）に登った帰国時の旅行のみ記述した。

1974年9月29日〜10月4日（<u>赤城山</u>－<u>立山</u>－<u>真砂岳</u>－<u>別山</u>）：29日東京・西ヶ原5時発、上野－小山から赤城神社（1339m）で紅葉を見て新鹿沢温泉に泊まった。30日菅平高原に行き鹿沢スキー場を見て上田・信州大で農業気象学会関東支部会で発表して別所温泉に移り懇親会で親交を深めた。中秋の名月だった。別所温泉泊で温泉に4回浸かった。10月1日上越・高田の北陸農試を見学して直江津－魚津に出た。2日宇奈月温泉より憧れの関西電力トロッコ電車で欅平駅（590m）へ行き、猿飛峡を見て直ぐ上の欅平（858m）に登り、北アルプス<u>白馬岳</u>等の高山を垣間

見て宇奈月温泉に戻り、立山駅から弥陀ヶ原・国民宿舎立山荘泊。3日室堂を経て浄土山（2831m）に登り、雨に遭いびしょ濡れで歩き、一ノ越に一度下って勇躍、①立山（雄山3003m – 大汝山3015m20位、高4名9）に登った。天気が好転して雨から回復した立山からの山座同定で全山とカルデラ・池の絶景を見た後、富士ノ折立（2999m）、①真砂岳（2861m43位、高5）を通り①別山（南峰2874m、高6）に登った。絶景鑑賞は登山の苦労を補って余りあると感じた。別山乗越から雷鳥平・みくりが池に下り、覇を競った一大山岳風景のパノラマを眺めて、室堂を経て立山荘泊。夜は目に焼き付いた光景を回想し、近い山は緑・茶色であるが遠い山々は青く見える事を認識した。4日立山駅からバスで日本一の落差350mの豪快な称名滝を観瀑台から見た後、富山 – 高山で飛騨の里・国分寺を散策して、名古屋から新幹線で帰った。穂高岳登山から忘れかけていた9年振りの本格登山だった。

　1977年3月1日～1978年2月28日：米国フロリダ大学にパートギャランティ制度で留学した。家族でゲインズビルからフロリダ半島各地を回る他、6月25日～7月9日にアッシュビル（スモーキー山地）－ワシントン－ニューヨーク－バッファロー（ナイアガラ滝）－デトロイト－シカゴ－ネブラスカ－カンサス－ルイジアナ・ニューオーリンズ（長橋）を回った。帰国時に車で冬季の米大陸横断旅行（フロリダ－サンフランシスコ）をした。

　1979年9月8～10日（北岳－間ノ岳－農鳥岳）：8日西ヶ原－新宿22:30発、*9日甲府4:30発、広河原6:15着で登り

始め、原生林の森林帯から九十九折路を越え、やがて荒々しい岩場の八本歯ノコルからは東側の北岳バットレスの絶壁に圧倒され恐怖心を抱いたが、勇躍横を直登して①北岳（3193m2位、高7名14）に12:00登頂した。崖下を覗くと千尋の谷に思えたが気分は爽快だった。北岳はさすが貫禄のある山に相応しかった。続けて①中白根山（3055m）から①間ノ岳（3190m3位、高8名15）に登って1〜3位と富士山に繋がった。王者の風格のある北岳の山体は朝日が照らし眩しく綺麗だった。途中パラパラと来て富士山には頂上に層雲が掛かっていた。山の下層は暑かったが稜線に出ると寒く凍えそうで、どうしても手袋が必要で、真夏の天候とは全く違った。間ノ岳を下り15:30に農鳥小屋に着き泊まった。2日程の行程を1日で早く着いた。夜は最終的には6枚の服を着て寝ていた。バスで一緒だったペアは18:30に着いた。北岳・間ノ岳・農鳥岳は白根（白峰）三山と呼ばれており南アルプス（写真1）の最高度の抜きん出た連山である。10日農鳥小屋5時起き5時半御来光を見て5:40発、すぐに急坂となったが、①農鳥岳（西農鳥岳（3051m16位、高9）－（東）農鳥岳（3026m、三角点の標高））を踏破し、大門沢下降点から急坂を下り、大門沢小屋での水は凄く美味で、奈良田11:30着だった。バスが出た直後なので西山温泉まで歩いた。また例の2人に遇った。バス13:40－16:15身延山着、以前より行きたかった身延神社に参拝してバス16:55発、身延17:26発、富士－東京22:09着で、5年振りに山の楽しさを満喫した本格登山だっ

た。振り返ると低標高から広葉樹林帯－針葉樹林帯（シラ
ビソ類）－亜高山帯（樺類）－高山帯（ハイマツ類の森林
限界）－岩場で植生・植相の変化を観察・堪能できた。

　1980年8月1～2日（富士山）：（車、家族）1日東京・
西ヶ原14時半発、河口湖から富士スバルラインで富士山5
合目に19時着。晴れてきて頂上が見えた。吉田ルートを
20時前に出て順調に登ったが、やがて次女（5歳）は睡眠
不足か、7合目で休憩してかなりの時間寝させた後登った
が、長女（7歳）も富士山8合目（3250m）の少し上方で、
高山病で具合が悪くなったので、登山を中止して8合目小
屋で休憩（宿泊）した（2人5400円）。*2日4時頃だった。
自分は一度登っていたので妻だけが頂上に登る事になり見
送った。長女は頭が痛いと言って何回か吐いた。早く下り
たいが下りて来ないので仕方なし。子供達の具合と頂上に
行った妻の安全を凄く心配した。残った3人は首を長くし
て待った。3～5時間の予定を往復6時間40分かかったが
見事登頂し、11時頃か8合目小屋まで下山して来た。皆で
会えて本当に安心した。急ぎ須走ルートで下山すると直ぐ
子供達の体調は回復した。下層は雲海で霧雨だった。富士
山麓で胎内洞を見て18時過ぎに自宅に帰った。家族、特
に子供達には大変苦労をかけ、きつい登山だった。夜の富
士山登山は無謀に近く、反省し戒めを痛感した。

　1980年8月22～25日（槍ヶ岳－大喰岳－中岳－南岳－
北穂高岳－涸沢岳－奥穂高岳－前穂高岳－乗鞍岳）：22日
西ヶ原－新宿22:30発、*23日松本は雨で気持ちが萎縮し

た。また上高地出発後に雨となり、雨具を着けて登り槍沢ロッヂで休憩した。槍ヶ岳登山中に一時太陽が出た後、雨でずぶ濡れになり寒さで手が痺れ足は引攣るが何とか登った。殺生ヒュッテと槍ヶ岳山荘の分岐点から800mはきつかった。道を間違える事も何度かあった。山道は滝のような谷川に変わり不明な所もあった。最後の3時間半は人にほとんど遇わず、非常にきつかった。ある男性は尾根に出ると楽だと言い、ある女性はもう直ぐだと励ましてくれた。残り200mでも本当に長く感じた。雨中の雪渓も歩いた。憧憬の的だった槍ヶ岳は若気の至りかと思えたが、やっと15時に槍ヶ岳山荘に辿り着き着替えて布団に入り温まった。60人程いた。乾燥室で乾かしたが余り乾燥しなかった。明日は晴れる事を期待した。夜に雨は止み霧になった。風はかなりあった。24日昨日と打って変わり信じられない程の晴天となった。4:20に起きて直ぐ、足の竦（すく）みそうな槍ヶ岳（3180m5位、高10名16）に向かった。霧は時々出たが景観は非常に良く、山塊は造形美の傑作だった。晴天のため放射冷却で冷えた中を登る内に、ある男性が手袋を持たず困っていた。こちらも一足だったが片手分を貸して鎖・梯子を登った。ついに頂上に着き360度遮る物もない周辺の景色を堪能した。5:30小屋に帰り手袋を受け取った。朝食をして直ぐ6:30に出て穂高岳の縦走にかかったが、鋭鋒槍ヶ岳を見返すと三角錐よりも文字通り剣とも思える屹立した山頂で、威圧的な峻山が微笑んだ感じがした。前方の一大山岳風景を眺めながら快調に進んだ。大喰岳（おおばみだけ）

（3101m10位、高11）－（北ア）中岳（3084m12位、高12）（槍ヶ岳と南岳の中間点）－南岳（3003m17位、高13）までは直ぐだったが、峻険な痩せ尾根からの大キレット（切戸）はさすがに目が眩むと言う感じだった。雪は所々残っており迫力を増した。長谷川ピーク（2841m）を越え北穂高岳（北峰－南峰3106m9位、高14）は10時頃だった。北穂高岳から涸沢岳（3110m8位、高15）を経て②奥穂高岳（3190m3位）まで3時間の予定だったが、早く12時過ぎに着いた。②前穂高岳（3090m11位）は直下で時間と体力を気にしながら登り14:30着だった。荘厳な穂高連峰を振り返りながら、足が痛く喉が渇きへとへとで岳沢小屋に16:30に着き宿泊した。若く体力・脚力があり、槍ヶ岳頂上アタック込み15時間を12時間で踏破した。槍ヶ岳からは14時間を10時間で驚異的に速かった。25日時間を間違えて5:30過ぎに起き6:05発。ハイペースで下り2時間の所を1時間で上高地に下りた。実は時計が20分進んでおり余裕があった。ザックを背負う時に引掛かってネジが回ったか。8:15上高地から乗鞍岳行きのバスに乗った。途中トンネルが多く道が狭く離合に時間がかかった。10:35着で①乗鞍岳（剣ヶ峰3026m19位、高16名17）に登った。足が痛く昨日までの疲れが残っており緩慢だった。天気良く頂上からは槍ヶ岳・穂高岳・御嶽山が良く見えた。下りる時には焼岳も見えた。昼食などでゆっくり休み名残惜しく乗鞍岳を14:10下り始めた。16:10新島々着、松本17:00着、特急17:23発、松本－新宿だった。車中は寝苦し

かったが22時過ぎに帰宅した。足にはマメが沢山できていた。最初は雨で難儀したが、充実した素晴らしい登山は槍ヶ岳−大喰岳−中岳−南岳−北穂高岳−涸沢岳−奥穂高岳−前穂高岳−乗鞍岳の最多9峰を踏破し、岳人の憧れの的である槍穂縦走の醍醐味を満喫し、かつ無事で何よりだった。1980年は10山余り登り登山づいた年だった。

　1983年10月22日に腹痛で小倉病院−筑波学園病院へ行くが、誤診で手遅れになり、盲腸の虫垂炎から腸閉塞・腹膜炎を併発して生死の瀬戸際に立った。40.2℃以上、全身振動が起こるも手術は24日夜になった。真っ赤なトンネルを落下する夢か現実かを何度も経験した。正に臨死体験であった。全体の開腹手術と膿抜の管を4本入れた。回復が遅く1ヶ月後に退院の許可がでたが、直後に腸閉塞を再発して延び、やっと12月28日に退院した。回復が非常に遅く、数年経ても元の体力には戻れなかった。

3.3　大病手術後から25年間の登山（1984〜2008年）

　1983年12月1日（農環研）〜1985年4月（四国農試）〜1988年10月（熱帯農研）〜1993年10月（農研セ）〜1995年11月（農環研）〜1999年4月（愛媛大）〜2001年4月（九大）〜2005年10月（学術会議会員）〜2007年4月（琉球大）〜5月（九大名誉教授）〜2009年3月（琉球大最終・学術会議会員）：

　中国には20余回行き、計1年相当の調査旅行をした中で、国内外最高地点の体験例を示す。

　1996年9月1〜18日：つくば−成田−北京、2〜3日ウルムチ、4

～5日トルファン、6日長距離苦難調査、コルラ、7日若羌、8日茫崖落下橋の迂回多数回、9日大柴旦－格尔木（ツァイダム盆地）、山岳砂丘、塩殻地、悪路パンク3回、10日青海省・格尔木（車修理）－崑崙山口（4772m）・西蔵神社記念碑（夜中ホテルで激頭痛の高山病）、11日格尔木－阿尔金山付近の当金山口（3800m）－敦煌、砂丘・草原・防砂垣・草方格、乾熱風・飛砂、12日三危山（莫高窟）－哈密、13日鄯善－アイデン湖－トルファン（飛砂）、14～15日ウルムチ、16～17日上海、18日成田－つくば。標高4772mは国内外を通じて最高であった（真木・真木、1992、真木、1998）。

1996年10月18～21日（**乗鞍岳**）：（車、妻）18日つくば22:00発、東京経由で*19日白川郷6:00着、1200mの高地を越えて行き、城山から白川郷の合掌造とその内部を多数見た。茅葺きの大型建造物は特別な印象だった。庄川の里を見て高山に入った。高山祭の屋台は背が高く素晴らしく、木製の塗り物の山車は過去見た中で最大規模だった。13:00絡繰り人形を見たが、背が高く遠く離れているため細かい仕草は判然としなかった。12台の内7台の屋台を見た。14:50に高山を出て飛騨の匠文化館を見て乗鞍スカイラインで②乗鞍岳（乗鞍畳平、2700m）に行くが雪が積もり始めPAは閉鎖、急き立てられて下り、新平湯温泉の民宿に泊まった。実は景色が綺麗で、かつ頂上近くまで車で行けるため、妻と共有しようとしたが絶景は見られず、ハイマツのみで残念だった。20日沢渡大橋で車をバスに乗り換え上高地に入ると唐松の黄葉が目に染みるほど素晴らしく、人が多かった。大正池ではカモ・オシドリが餌を

啄みに来て手で触れた。憧れの河童橋まで行き、穂高岳を眺めて12時半のバスで上高地を離れた。14時頃に乗鞍高原に行くがスキー場までしか行けず、国民休暇村で池・滝を見ながら時間調整をして17時に名残惜しく乗鞍高原を後にした。高速松本－東京で*21日0:30に無事帰着した。

この期間の登山は非常に少ないため、百名山で東日本最高峰の奥白根山を記述する。

1998年7月4日（**奥白根山**）：（車、妻）つくば4:40発、日光－金精峠－菅沼登山口8:00着発で火山の奥白根山（日光白根山（南峰）2578m 名22）に登った。途中、樹林に囲まれた火口湖の弥陀ヶ池を見て急登した。頂上は火山岩で覆われており、絶景だった。この日は当夏初の35℃を越えた猛暑日で登る途中、暑さと寝不足で少し目眩がした。頂上は12:00着。2人共遅れ気味だったが良く頑張った。コースタイム2時間50分が4時間だった。大きい火口湖の色彩豊かな五色沼経由で16:30に下山したが、最後に雨に濡れた。戦場ヶ原を見て18:00に出た。いろは坂で猛烈な雷雨に遭い宇都宮まで続き、茨城県内で止んだ。21:30無事帰着した。

1999年11月9～13日（**木曽駒ヶ岳**）：（車）9日松山13:45発、瀬戸大橋（与島）－山陽－名神－中央道の駒ヶ岳SAで車中泊した。*10日駒ヶ根から木曽駒ヶ岳ロープウェイで①木曽駒ヶ岳・千畳敷（2612m、頂上は後日、高17 名24）に急登し、直ぐ雪のある山道を歩いたら高山病気味になるも、晴天で雄大な駒ヶ岳カール（圏谷）を見て

高山気分を満喫して下山した。信州大（伊那）の農業気象学会関東支部会に参加して閉会挨拶をした。伊那市内のホテル泊。11日権兵衛林道－木曽福島から御嶽山山麓の御嶽神社に行き田ノ原で三笠山（2256m）に登り全景を眺め写真を撮った。晴天で御嶽山の見事な眺望ができ、いつか登ろうと意識した。中山道19号線を木曽川沿いに下り中津川を通って高速多治見に入り、名神－山陽道で岡山に移動した。倉敷市内のホテル泊。12日岡山大（倉敷）の農業気象学会中四国支部会シンポジウムで閉会挨拶をした。13日倉敷から西条に寄り、松山に23時帰着した。

　2005年9月22〜25日（立山－真砂岳－別山－劔岳）：22日福岡－羽田から品川・渋谷・新宿で書籍掲載用の高層ビルの写真を撮り、国土環境（株）で開催の沙漠学会理事会に出て新宿－信濃大町で雲山荘に泊まった。既に足にマメができて痛かった。23日6:20発、若一王子神社・三重塔を見て北大町からバスに1人乗った。扇沢－黒四ダム－室堂9:10着で身の引き締まる思いで立山目指して登り始めた。コース時間通りで②立山（雄山3003m－大汝山3015m20位）の高山を実感した。お札500円でお祓いを受けた。②真砂岳（2861m）の横を通り②別山（南峰2874m）を越え、劔御前（2777m）の横を通り16:10剣山荘着・泊。夜は満員（室12人）で暑く窓を開けて少し良くなった。皆も助かったか。24日5:00発、最初はライトを点けた。聳え立つ一服劔（2618m）に登って、次かと思ったら前劔（2813m）だった。人は結構多かった。鎖が

30

あり凄かった。さらに次が凄く鎖は迫力満点で蟹の縦這・横這もあった。何とか越えられ、憧れの峻峰・劔岳（剣岳2999m22位、高18名25）に9時頃着いた。北東に続く恐竜の背鰭のような岩稜（チンネ、八峰ノ頭等）の眺めは素晴らしく、写真を撮り直ぐ下った。剣山荘には12時頃に下りた。劔岳では人による不本意な落石が起こり危険だったため2度と登らないと思った。別山乗越から15時に雷鳥平に下り、電話がやっと通じて旅館が決まり、雷鳥沢ヒュッテをキャンセルした。室堂16:20バスで美女平－立山駅に下り18:00に千山荘に着き宿泊した。山は晴天だったが下層は雲海で雨だった。天下の劔岳はさぞかし雲海に浮いたろうと空想した。25日5:30称名川・常願寺川を見て、立山カルデラ砂防博物館で砂防工事展示を見た後、朝食をして立山駅から落差350m日本一の称名滝を見に行った。4段あり凄く圧倒され、滝しぶきが飛んで来た。ハンノキ滝（500m）は涸れていた。立山駅で10:37に乗り富山11:30着、空港14:40発、福岡16:10に着いた。最後に滝を見なければ1日早く帰れたか。東京出張を利用した登山だった。九大在職中の本格登山は初めて、かつ25年振りで、効率良く6高山に登れた。日本学術会議で超多忙になる直前の束の間のタイミングで、貴重な奇跡的な事だった。

　2006年8月1〜5日（白山）：1日福岡－羽田－藤沢、日大で1〜3日に講義した後、3日夕に羽田－金沢に出て市内のホテル泊。4日金沢（バス）－別当出合8:00着発で砂防新道・エコーラインで室堂に着き、石川・岐阜県境の白

山（御前峰2702m90位、高19名27）に登った。尖った剣ヶ峰（2677m）を見て大汝峰（2684m）を往復し、幾つもある池のお池巡りを散策して、高山植物で、「ハクサン」の名称を冠する固有種の高山植物を探し、草原の景観に親しんだ。雪解け水は冷たく澄んでおり美味だった。白山室堂泊。5日展望歩道（アルプス展望台）を歩きエコーラインを登り返して、黒ボコ岩を経由し観光新道を通って別当出合13:10着発（バス）で下山した。金沢15:50着、19時頃発の小松－福岡で帰った。両白山地の白山は百高山でもあり、日本アルプス（92山）・八ヶ岳（5山）以外では富士山・御嶽山・白山である。

　2007年8月2～6日（駒津峰－甲斐駒ヶ岳－仙丈岳）：2日那覇8:15搭乗、台風で遅れたが、羽田－府中で農工大の講義に間に合った。3日講義終了後、府中18－20時甲府に出て市内のホテル泊。4日3:30発、広河原－北沢峠7:30着発で登り、2山佇む双児山（2649m）と高山的な駒津峰（2752m80位、高20）を越えた。峻険な摩利支天の見える六万石近くの急坂で足が痙攣したのでズボンを増やした。一時諦めかけたが休み休みで何とか甲斐駒ヶ岳（2967m24位、高21名28）に登れて至極嬉しかった。73歳の人に痙攣話を聞いた。コースタイム6時間30分が9時間かかった。16:30下山して長衛荘（現：北沢峠こもれび山荘）に泊まったが隣人の鼾で眠れず。5日3:45発、漆黒の闇夜の中を仙丈岳に向かい4:30夜が明けると山頂が際立って来た。快晴で青緑の仙丈岳と昨日登った白く輝く岩山の甲斐駒が

良く見えた。まだ自分のストックは持っていなく、竹杖を拾い利用した。足は少々痛かったが調子良く歩けて仙丈岳（仙丈ヶ岳3033m17位、高22名29）に着き密かに感嘆して下山した。コースタイム6時間40分が7時間10分だった。11:10北沢峠発、14:00甲府着、新宿よりつくば17:30着。6日農工大で試験答案を受領して府中－羽田で22時那覇に帰った。

　2007年9月13日農工大での農業気象学会で心臓が不調となった。那覇に帰ってから18日琉球大病院で心臓・狭心症と診断された。10月9日大道中央病院で狭心症のカテーテル手術を受けステント2本を入れ、心臓身体障害者（3級、沖縄県）になった。11月24日排尿が停止し救急車で琉球大病院に運ばれた。12月17 〜 27日に同病院で前立腺肥大症手術を受け退院したが体調不良が続いた。8月の甲斐駒登山後、病気、転勤、学術会議の多忙さ等で2012年までの5年間、本格的登山はできなかった。

3. 4　筑波大での繁忙期の登山（2009 〜 2012年）

　2009年4月（筑波大・九大名誉教授・学術会議会員）〜 2011年10月（学術会議連携会員）〜 2013年3月（筑波大最終・九大名誉教授・学術会議連携会員）：

　2012年7月27 〜 29日（乗鞍岳）：（車、妻）27日つくば3:15発、高速東京経由で松本城を見て新穂高温泉に行き、ロープウェイでビジターセンターに寄り西穂高展望台（2156m）から西穂高岳を眺望した。神通川工事博物館を見て新平湯温泉近くの一本残ったネズコ（ヒバ）の巨樹

（1000年）を2kmの山道を歩いて見に行った。夕方で熊に出会さないか声を出し辿り着いて見た単独木に感動した。新穂高温泉・蒲田川荘に泊まった。樹木が生えた河原を散策した。28日7:40発、<u>乗鞍岳</u>に登るため車で行ったが、マイカー規制を知らず、乗鞍畳平には入れず、慌ててバス発着場に向かうが、相当離れた奥地の高台にあり、間違いかと心配した。やっとPAに着きバスに乗り換えた（身障手帳で精算）。9:50乗鞍畳平から登り始めた。高山ではきつかったが、登頂達成で吹っ飛んだ。③<u>乗鞍岳</u>（<u>剣ヶ峰</u> 3026m19位）からの景色は格別素晴らしかった。乗鞍コロナ観測所や宇宙線観測所の観測ドームが見えた。13:20に下山してバスで14:40にPAに着き、安房峠トンネルを通って乗鞍高原に行き、東大演習林のシラビソ林の巨木を多数見た。演習林施設は奥地で行けなかったが、行けば東大関係者（農学博士）だと名乗る事は考えていた。これまで東大の施設で名乗った事はないが偶にはと思っていた。温泉付の民宿美鈴に泊まった。29日番所滝を見て朝食して7:30発、乗鞍スーパー林道を通って野麦峠に達し、野麦峠の館（峠の資料館）で熱心な説明を聞いた。飛騨の人の冬の峠越えはさぞ厳しかったろうと認識した。高速松本－東京－谷田部で18:30に帰着した。

2012年8月21〜23日（<u>八ヶ岳</u>（<u>赤岳</u>－<u>横岳</u>－<u>硫黄岳</u>））：（車）21日つくば4:10発、東京経由、美濃戸で別荘地域に入ってしまい、やっと抜け道を見付けたが道が極めて悪く、大変難儀して本道に入るも相当の悪路の中、何と

か奥の有料PAに行けた。少し歩いて直攀の登山口に着いた。自分のストックは持ってなく、係人に聞いて適当な枝木を確保した。先が三俣に別れており最高の杖だった。8:30発、喘ぎながら登り、行者小屋から赤岳の分岐点で阿弥陀岳経由にするかで迷った。丁度登山慣れした人が来て道を聞くと、逆に歳を聞かれ年齢で判断されたか、文三郎尾根になった。確かにきつかったので正解だったろう。その後山ガール2人を抜いたり抜かれたりして登っていると小柄な山ガールがスーと抜いて来て急坂を猿のように登るので、呆気に取られ驚き、年齢差を感じた。多くの鎖があり、ここでは数人追い抜き14:30八ヶ岳（赤岳2899m33位、高23名30）に時間通り6時間で着き頂上からの絶景を眺め写真を撮った。14:50赤岳頂上山荘に着き泊まった。雨が降らないため近々休業かもと話していた。営業中で助かった。暗黒の夜で満天の星空が凄く綺麗で静寂を体感した。22日5:05、日の出は特に赤かった。直ぐ発ち、やがて振り返ると、赤岳と山荘の心に残る見事な写真が撮れた（表紙、写真2）。火山の八ヶ岳（横岳2829m52位、高24）は大した山で高さもであった。次の八ヶ岳（硫黄岳2760m77位、高25）は平坦な山のように見えたがその反対側は火口の絶壁で半分が切れた形で圧倒された。途中コマクサが沢山見られて感動、良かった。シラビソ林は重厚だったが鹿や熊に樹皮が剝がされ傷められて枯れたのもあり悲惨だった。12:15に下山して野辺山に行き、筑波大演習林では林地を3ヶ所も案内してくれたが、干ばつで干上

がった湿地もあった。海の口・鹿の湯温泉は客1人、田舎の鄙びた温泉で泊まるのは興ざめだった。23日根古屋神社の欅（ケヤキ）（田木：10.1m、23.0m、800年、畑木：11.9m、21.0m、800年）と故城跡を見て、高速須玉－東京経由で15:30帰着した。さて、八ヶ岳はいずれ登るので行ける内にと思い、一度に核心部3山に登る意味で効率良く、比較的近い山を思い付き早速実行したが、3山で八ヶ岳は終わりと思っていたら、百高山にはまだ省略した阿弥陀岳と権現岳の2山があり見落としていた。再度来るとは夢にも思わず、驚くと共に登る羽目になった。

　2012年9月15〜16日（御嶽山）：（車）15日つくば3:00発、高速谷田部－東京－伊那で出て8:00大滝山登山口着。1999年11月11日に晴天の三笠山（2256m）から御嶽火山の頂上を眺めた事を思い出した。田の原天然公園8:30発、富士山金剛杖を短くした杖で登り、王滝山（2936m）を越えて八丁ダルミを通って13:00に御嶽山（御嶽・剣ヶ峰3067m14位、高26名31）に着いた。偶の登山で寒かったが、達成感があり嬉しかった。頂上を究めた後、奥地に入り日本最高所の湖と称する二ノ池（2810m）（別山の硯ヶ池は2830mだが、湖と池は大きさの違いか）を通り二ノ池新館に着いた。直ぐ出て三ノ池を遠くに眺め摩利支天山（2959m）に登った。小雨に遭ったが雨具は着けなかった。ここで大変貴重な得難い体験で、下方に丸い虹を見た。こんな珍しい幻想的な虹が実際に見られるのかと感激した。天気は目まぐるしく変わり寒くなった。小屋に戻るとかな

りの雨が降ったが大濡れしなくて良かった。4人部屋で20
時消灯だった。16日5:40雲で遅れた御来光を見て6:30発、
ところが間違えて石室まで150m下ってしまい、再度御嶽
山頂上に登り返して行者岩を見た。王滝山（2936m）から
奥の院（2940m）を往復してシラビソ林・笹原を通った。
途中、転びそうになり若者を避けたが登り優先だと言われ
た。時と場合によるだろう。新滝を見て10:00に下山した。
高速伊那で、20:15無事帰着した。

　登山は2007年8月の甲斐駒・仙丈岳以来5年間も、僅か
登る筑波山以外はなかった。2011年に51/171＝（百高山
22＋百名山29＝51）／（両山200－重複29＝171）で3割
未満（29.8%）だった。2012年半ばに心境の変化で、日本
百高山・百名山を登る事を思い付き、ピークハンターに豹
変した。2012年は乗鞍岳、八ヶ岳、御嶽山等10余山に登り、
百高山26・百名山31で各30座程に達していた。

　しかし、2011年12月に引続き2012年10月・12月の3回
も腸閉塞（手術で各10日間程入院）を患った。頻発する
ため2013年1月6〜29日に2回目の開復・癒着手術を受け、
長い入院だった。退院後少し経って心身を癒し鍛えるため
登山を再開した。

3. 5　開腹手術後の復帰年の登山（2013年）
2013年4〜12月（国際農研・九大名誉教授・学術会議
連携会員）：
2013年7月22〜25日（**悪沢岳**－**中岳**－**赤石岳**）：（車）

22日つくば4:50発、高速東京経由－静岡でレンタカー４輪駆動レガシィに乗り換えて筑波大演習林で12時頃に入山許可証を受領した。沼平ゲートを通って奥地の梶島ロッヂに行き14時頃鍵を受領し、木賊橋近くの東海製紙社道ゲートにやっと着くが、鍵が開かないので引返す途中で珍しく車が来たので思い切って止めて聞いてみると、偶々開け方を知る人で、再度引き返して開け方を教わったがやや特殊な鍵か、相当の骨が要った。梶島ロッヂまで引き返すとその日は無理だったか。15時頃ゲートで直ぐ門番マムシに遭遇したがそっと横を通った。東海製紙社の凹凸急坂山道を登坂して駒鳥池近くの同社ＰＡ（2400m）に15時半頃着き、登山口をやっと捜し当てて登り千枚小屋に16:10に着・泊。手術後の思い切った初本格登山だ。23日4:50発、人の少ない中を黙々と荒川三山（東岳、中岳、前岳）に登った。JTB本では千枚岳（2880m）－丸山（3032m）－悪沢岳^{わるさわだけ}（東岳、荒川東岳3141m6位、高27名32）－荒川岳（2973m、小さい石仏がある）－中岳（荒川中岳3084m12位、高28）（南ア中岳は同標高で北ア中岳より僅低）－前岳（3068m）である。昭文社の地図では広く荒川岳（東岳（悪沢岳）3141m）としている。国土地理院では荒川岳（中岳3084m）を示し、東にある山を東岳としているが、一般的には標高の高い悪沢岳を取る。なお、上記の小石仏のピークには荒川岳の名称はないなど複雑である。何れにしても見事に高山の連なる山々を縦走して荒川小屋に着いたが、まだ10時なので十分赤石岳まで行けると思い小屋を

出て大聖寺平（2699m）に下り、小赤石岳（3081m）から
赤石岳（3121m7位、高29名33）に喘ぎながら登り、霧の
中13:30赤石岳避難小屋に一番に辿り着いた。管理人から
明日は天候が悪化するので荒川小屋まで戻った方が良いと
言われたが、手術後初登山で足が痛く心臓も心配でもう戻
る気力もなかった。目的地と反対方向に歩いていた高貴な
皇族に道案内をした人達は遅れて加わり小屋は8人になっ
た。17時の夕食が終わる頃にハーモニカで合唱が始まり、
思いがけず至福の時を過ごした。その後の多くの山では、
時にスライド・ビデオを見る機会はあったが歌声喫茶のよ
うな雰囲気は初めてで楽しく、登山と歌の両方で手術後の
回復の喜びを実感でき、貴重な一時だった。18時過ぎに
霧が晴れ皆外に出た。管理人の案内で頂上に登ると富士山
を初め、登ってきた悪沢岳等々、幾重にも重なる山並みの
全山が見え、絶景で頗る感動した。夜は風が強くなり高山
の澄んだ空気の中、下界の光と煌めく星空を眺め1人感嘆
し、山の虜と化した。24日4:30発、管理人に頂上経由は
あの道と教えてくれて出たら、初使用のストックを忘れて
引き返すと「おいおい」と言われた。短時間で僅か20m
差の頂上は霧に霞んだ。小赤石岳を越え、途中雲がある中
でも富士山が時々見えた。汗で下着を脱いだ後9時頃に前
岳で雨がポツリと来てから約3mm/hの本降りとなり、中
岳は風雨の中を歩き、頭の雨具カバーが風で外れて帽子が
濡れながら歩いた。荒川岳の石仏で頭だけ雨を避け一休し
たが、途中、悪沢岳付近では濡れた帽子の水が首に入り、

頭首が冷えるので継続歩行の苦難を体験した。丸山－千枚岳で小降りになり11時頃千枚小屋に着いたら止んだ。電話が通じる内に東海製紙社に連絡し、特別な山道なので、もし17時までに椹島に着かない場合の対応を依頼した。12:30にPAに下り着替えた。丁度PAには消防救急パトカー3種が来ており、滑落者搬送作業中だった。車で先に下り救急車に道を譲り、木賊橋ゲートに着き鍵を開閉して椹島ロッヂに14時無事下山した。携帯電話不通のためロッヂに固定電話連絡を頼み泊まった。25日6:00発、ロッヂより下り沼平ゲートを越えて駿府城址を見て静岡で車を乗換えて東京経由で17:15帰着した。

　縦走の丸山、悪沢岳、荒川岳、中岳、前岳、小赤石岳、赤石岳は3000m級の高山であり、何度もの登山でも中々経験できない程の多彩な体験をして手術後甚だ印象に残る登山となった。発端は筑波大農林技術センター勤務中に演習林（現：山岳科学センター）が静岡県井川にあり訪問したら、畑薙ダム（沼平）－椹島の入域制限区域内への許可証が演習林で得られるため、人工降雨や風と雲移動の研究推進上、有益であるので使わせてもらった。かつ同制限域内でも特に東海製紙社道を利用すると標高2400mまで入れるため、特別に許可（有料）を取って入った。その林道は急傾斜の悪路であるため、乗用車（トヨタ・シエンタ）では丁度同じ車種を利用している担当者の話として、車が可哀想だと言うので4輪駆動車を勧められた。トヨタのランドクルーザーを希望したが、研究所側の制約で借りられ

ず、スバルの4輪駆動車レガシィになった。それにしても病み上がりで危険を押して良くもまあ登山できたものと我ながら大いに感心し安堵した。帰宅翌日、アキレス腱の痛みで病院に行ったが、経過見で相当長く痛かった。

　2013年8月9〜12日（<u>聖岳</u>）：（車）9日つくば5:30発、高速東京－新東名・新静岡から12時に筑波大演習林で許可証を受け取って畑薙ダム・沼平ゲートを通って2度目の椹島ロッヂに着・泊。10日5:30発、聖岳登山口の近くまで車で行き6:00に登り始めた。聖岳の懐に入る感じで聖沢吊橋を渡り、滝見台から東聖岳・奥聖岳が千尋の深い谷（谷底に2本の滝も見えた）を挟んだ右側に良く見え、高山に登っているのだと実感して、喘ぎながら聖平小屋に13:10辿り着いた。夜に満天の星影を見たが、便秘でかつ100m先の遠い3回のトイレ（宿泊山小屋で最長の距離）は苦痛だった。11日4:30発、汗掻き後に風が強く寒くなり手袋もした。小聖岳（2662m）からの難所を越え、①<u>聖岳</u>（<u>前聖岳3013m21位</u>、高30名34）に8時頃着き、<u>赤石岳</u>・<u>大沢岳</u>の素晴らしい稜線や<u>上河内岳</u>の写真を撮った。また、山地での雲の動きを観察した。庭園の景観で僅かに上下する道を通って奥聖岳（2978m）に行き頂上の窪地で寝転がって小一時間寝たが暖かった。高山でこのように長く寝るのは最初で最後だ。トリカブトと菊科マルバダケブキは多いがニッコウキスゲは絶滅し、柵内で保護されていた。11:45聖平小屋に帰り連泊した。連泊組にはおでんが出たが便秘では却って苦痛、何度ものトイレ通いでも解

消せず。12日便秘と霧で遅らせ6:00発、直ぐ晴れて滝見台で眺め、聖岳吊橋を渡って10時登山口に下山し、車の人となり沼平ゲートを出て高速新静岡で入った。清水PAの和式トイレ（無空調）で汗だく、便秘解消してほっとした。東京では渋滞し雷雨だった。20:45帰宅した。

　2013年8月20〜22日（<u>塩見岳</u>）:（車）20日つくば5:00発、高速東京－伊那で出て高遠城址公園（桜の根接ぎ法による老化回復）を散策して、当日に三伏峠（日本最高峠2580m）行きを思い付き<u>塩見岳</u>方面に向かうが、カーナビが利かず細い複雑な林道を通り、終に11:50鳥倉林道ゲートに着き、休憩して歩き始め13:00鳥倉登山口に着いた。炎天下の体力消耗でバテた。特に8合目からきつかったが頑張った。その頃電話が通じ、三伏峠小屋に宿泊を申し込み16:10着・泊。21日5:10発、ハイマツのある三伏山（2615m）から森林の本谷山（2658m）を順調に越え、やがて北八ヶ岳・縞枯山の縞枯れ（樹林の枯死・成長が線状に移動・更新する現象）に似たシラビソ林を実感しながら登り、9:00塩見小屋に着いた。直ぐ出て、天狗岳を越えると風で寒くなりヤッケを着て①<u>塩見岳</u>（西峰3047m－<u>東峰3052m15位、高31名35</u>）に登り感激を味わった。晴天で頂上からの眺望は抜群だった。抜きつ抜かれつで登った山ガール2人とは三伏峠小屋に引き返すと告げられ別れた。東西峰の頂上だけでは飽き足りず、時間も十分あるため、一度、北俣岳（2920m）に下ってから登り返して、ピストンして塩見小屋に13:30に帰った。まあ順調に登れ、とに

かく念願叶い満悦だった。赤（チャート）・緑・白銀色の
小石を拾った。お握りを3時に食べたので夕食の御飯はほ
とんど食べられず。トイレはお丸でビニール袋付だった。
消灯19時半、敷布・毛布3枚と枕で良く寝られた方だ。22
日朝食は一定量美味しく食べた。5:20発で森林内を調子良
く下り本谷山・三伏峠を越えて鳥倉ゲート10:10着だった。
下山してから中央構造線博物館・ふるさと館を見て、数
km離れた場所の露頭では川を素足で渡ってホッサマグナ
糸静線の断層を見た。12時高速松川で入るが駒ヶ根で渋滞、
東京経由で21時帰着した。アキレス腱痛は続き長期に
なった。

　2013年は病み上がりでも20山に登り、百高山31、百名
山35で39％になった。赤石岳等の貴重で有意義な楽しく
も、きつい登山が成功したためであろう。

3．6　百高山を目指す集中年の登山（2014年）

　2014年1 ～ 12月（国際農研・九大名誉教授・学術会議
連携会員）：

　2014年3月20日：農業気象学会（北大）で名誉会員表彰を受け、
帰宅時の夜、梅園交差点を青で横断中に軽四の代行車に足の甲を敷
かれ跳ね飛ばされる交通事故（足の小指骨折と甲充血）に遭った。

　2014年6月30日 ～ 7月1日（白馬岳）：（車）30日つくば
3:00発、高速東京経由、安曇野で出て猿倉8:10着8:30発、
白馬尻から直ぐ大雪渓になり、初めて見た巨大さに全く驚
嘆した。登山者は少なかった。垂直氷雪でも登れるアイゼ

ンのベテラン（15回目の三重の人）が親切ガイドで助かったが、待たせる事が多く申し訳なかった。雪渓は多雪・急斜面で登攀に苦労した。きつくて数歩で休みとなるがそれでも少しずつ進んだ。しかも雪面付近の低温で足が一時痙攣したが休むと回復した。登りで南・左斜面からの落石を何回か目撃した。大雪渓奥の岩場・葱平（ねぶかっぴら）から小雪渓を横切る道が判った所で彼は先に行った。14時頃雪渓上部で雨が降り雨具を着けた。頂上に近い白馬山荘に泊まったが、その日の内に雨の中を①白馬岳（2932m26位、高32名36）に登った。翌日は登れないかと思ったためで16時に着いた。コースタイム6〜7時間が7時間30分だった。雪渓を考えると早い方だった。当日まで記念手拭をくれた程で早過ぎた。かくも多雪とは思わなかった。800人泊まれるが7人だった。アイゼンは中央に付ける簡易な4本歯では怖いので良いのがあるかと聞いたらそれ以上の物はなく、白馬鑓ヶ岳・栂池共に無理なので、翌日は同じ雪渓を下る事にした。7月1日朝起きると晴天で意気込み再度頂上に登った。TBSテレビのカメラマンが頂上で撮影し1週間振りの晴天だとか話していた。白馬岳頂上は快晴で絶景だった。剱岳・立山も全山が見え感激、下は雲海だった。白馬鑓ヶ岳は多雪で中止し6時過発、弁当を渡されず受領忘れは最初で最後だった。急斜面雪渓の下山は怖かった。急な所は一歩一歩雪上に足場を着けながら下った。ストック先端のゴムが、刺した雪中から抜く時、丁度雪面で外れてコロコロと斜面を転がったが止まったので慎重に

取りに行った。南斜面では落石が多くガラガラと何度も崩れていた。大きい落石が2回あった。1回は絶壁上の岩盤が破砕崩落し、大岩（脳裏で大熊が襲って来るように錯覚）が1km近い遥か上方で斜面横の葱平の岩盤に当たり砕けて、多くは大雪渓をヒューンと音を立てて猛烈な勢いで落下する大石や直近まで来て再落下する大石を雪渓の中間地点（この頃は東西の上下に1.5kmの雪渓有り）で目撃した。上を向いて右側に来た2個の内の1つは顔が判る程の近い人の横を通った。もう1つの大きい方は自分の方に来た。斜面中央部ではなく、この時は右横の幾分高い斜面を歩いていたが、それでも直径1m余の大石が近づき緊張した。斜面に立つのがやっとの所で、ここに来たら左に体を避ける事（実際は無理で滑るかも知れない）を考えたが、直上に少し尾根状の柔らかい雪面上で一度止まりそうになったが、やおら動き出して思ったのとは逆に左を通って来た。全くの恐怖で緊迫した。上段で止まりそうになった時に手で押さえれば止められるかもと思ったがそんな事は無理だったろう。大石は直近で最初ゆっくりだったがやがて再び猛烈な勢いで落下し視界外に消えた。災難は確率の問題かとも思ったが、下る時よりも登る時に斜面上寄りに登るのはきつい事ではあるが、重要な事と痛感した。猿倉下山は12時頃でコースタイム4時間が6時間だった。青木湖を見て高速安曇野－東京経由で20時帰着した。下山後、考えて7月10日に百名山優先を決めた。

　2014年7月24～28日（<u>祖父岳</u>－<u>鷲羽岳</u>－<u>水晶岳</u>（黒

岳）－**野口五郎岳**－**三ツ岳**）：24日バスつくば15:42発、羽
田－富山は雷雨で遅延し23時過ぎ富山駅前ホテル着・泊。
25日バス5:00発、折立7:00着発。鬱蒼とした森林帯は濡れ
ており無風で湿気高く蒸し暑かった。開けた斜面を喘ぎ喘
ぎ時間通りで登り、太郎（兵衛）平に着いて太郎山
（2373m）に登り、太郎平を薬師沢に向けて下った。途中
の**薬師岳**（**写真3**）の眺めは素晴らしかった。薬師沢小屋
に14:30着・泊。黒部川の薬師沢出合は合流水量が凄く多
く、堅牢な吊橋が架かっていた。26日5:30発、吊橋を渡
り長い急坂を登った。木道を急いだ。雲ノ平と**水晶岳**（後
掲**写真20**）の景観は申し分なかった。アラスカ庭園を
通った。雪解けの滴りを、時間をかけて取った。携帯電話
が駄目になったので雲ノ平山荘から水晶小屋に連絡を頼ん
だ。**祖父岳**（じいだけ）登り口で間違えて黒部源流碑の方に進んでしま
い、日本庭園を通って息急き切って引き返した。30分程
損したが、それでも時間より早かった。南には**黒部五郎岳**
（2840m、**写真4**）と黒部源流が良く見えていた。①**祖父岳**
（2825m53位、高33）を登り、ワリモ分岐点からワリモ岳
（割物岳2888m）に登り、**鷲羽岳**（2924m28位、高34名37、
写真5）をピストンした。**野口五郎岳**（**写真6**）は白色を
帯びており印象に残った。14:30水晶小屋に着いた。少し
休んで①**水晶岳**（**黒岳**2986m23位、高35名38、後掲**写真
20**）に登った。頂上は独り占めでお握りを食べた。ガイド
が疲れて来られず女性1人が登って来た。写真を撮り合っ
て先に出たが、中々来ないので気になって振り向いたら膝

を打った。後でガイドが迎えに来ていたが、今後は人の事
は余り気にしないよう教訓として肝に命じた。写真を撮り
水晶も拾って16:50ラストに戻った。天気良く素晴らしく、
檜ヶ岳の尖頭と富士山が見えた。以前に秘境雲ノ平の写真
を見て、そこに行くなど考えも及ばなかったが、今そこを
越えて来たのが夢のように思われた。ただ無事帰らなけれ
ば意味がないので気を引き締めた。夜、霧が出て風が強く
なった。27日5:40霧中発、直ぐ晴天となり鉄褐色の異様
な先鋒が見えた。雨具を外した後、標高が増すと霧に被わ
れ降り出した。間もなく真砂岳（2862m）（水晶岳の東、
立山北の真砂岳は2861mで低いが百高山、共に北ア）付
近から台風崩れの日本海低気圧（中国－朝鮮半島－日本
海）の影響で暴風雨となった。野口五郎岳近くで頂上行き
は止めて距離770mの小屋行きに変えた。この頃昨日のガ
イド付女性に追い越された。西からの吹き上げで砂かと
思ったらパンパンと打ち付ける大粒雨滴だった。強雨でキ
ルティングの縫目から浸込みズボン内も濡れた。段々小屋
が近づいたが前方の女性を見失った。やがて小屋に近づき、
ここぞと思う所で下ったら偶然にも霧間に瞬時、女性の赤
服が見え野口五郎小屋を発見し避難した。8時頃だった。
天候急変だが偶然小屋が近くて助かった。小屋で雨宿りし
て少し様子を見たが体が冷え、乾かすために泊まる事にし
た。小屋での泊まる判断は正解だった。弁当付きで1万円
だった。若者2人が水晶小屋に向けて出発したが悪天候で
引き返して来た。昼過ぎに強風だが雨は止み回復傾向に

なった。15時過ぎに①野口五郎岳（2924m28位、高36）に登った。水晶岳・槍ヶ岳等周辺の山々を教えてくれた。絶景だった。強風でよろける程だがピークを幾つか周回した。夜は天ノ川の星々が輝いていた。28日5:20発、裏銀座縦走コースを通って三ツ岳（2845m47位、高37）登山道コースを取った。立山や黒部・高瀬湖も良く見えていた。烏帽子小屋からのピストンで前烏帽子岳（2605m）を経て尖って格好良い北アの烏帽子岳（2628m）（南アの烏帽子岳（2726m）は百高山）に鎖を伝って登った後、北ア3大の長い急坂を通って13時に下山した。ロックフィル最大のダム高瀬ダムからタクシー（2100円）に乗り七倉荘で下りたが見る物はなく、教訓的な悲惨な気象遭難の本を買って読み始めた。信濃大町までタクシー（女性）に乗ったが、身障手帳を使うのを忘れた。食事中で待たされたので少し安くしてくれた（6000円）。列車はタッチの差で1時間待った。信濃大町－新宿で、20時に帰着した。多難な山行だった。

　2014年8月5〜6日（西穂高岳）：（車）5日つくば3:25発、高速谷田部－東京－松本から158・471号線で新穂高温泉の無料PAに停めて歩いた。ロープウェイで新穂高温泉－鍋平高原（乗換）しらかば平－西穂高口に上ったが、霧から小雨になった。11:40西穂山荘着だが入室が13:00なので、直ぐ山に登ろうとしたら制止された。確かに疲れており天候も悪く鬱陶しかったので翌日にした。食堂で寝て山荘に入った。6日5時発、雨と霧の中を登った。丸山（2452m）

48

からはガレ場が多かった。独標<ruby>独標<rt>どっぴょう</rt></ruby>手前は急坂だった。この頃雨は本降りになり風も出た。諦めようかと思ったが、その後雨は少し弱くなったので登った。濃霧で良くは見えないが林立するピークが想像できた。手強いピークは西穂独標（2701m）の11峰から始まり、8峰（ピラミッド）と7峰間は特に手こずった。急峻で痩せ尾根が多く最後の第1峰ピラミッドピーク西穂高岳（2909m31位、高38）も急だが、登り切り達成感が湧いた。雨の中、急ぎ証拠の写真は撮った。緊張状況のまま逃げるように西穂山頂を離れた。雨で濡れていたので一歩一歩確保して慎重に下りた。それでも5時間10分のコースを上り約3時間、下り約2時間の計4時間45分で早かった。西穂山荘で荷物を受け取り10:10発で11:50新穂高温泉に下山した。12:10発、高速松本－東京－谷田部で21:00帰着した。

　2014年8月19〜20日（<u>小蓮華山</u>－<u>白馬岳</u>－<u>杓子岳</u>－<u>白馬鑓ヶ岳</u>）：（車）19日つくば0:05発、高速谷田部で長野にカーナビを入れたが選択ミスか迷った。不調ナビだと無理かと思い、三郷－川口で外に出たが、高速の下では不可でパニックになった。少し離れて長野を打ち直し、再度高速に入った。6:30栂池高原着、ゴンドラリフト8:00発、栂池ロープウェイで上り、急ぎ栂池自然園と展示を見て8:50発、天狗原－乗鞍岳（2437m）（北ア南端の乗鞍岳と同名）を越えて白馬池を経て登った。遠くに見える①<u>小蓮華山</u>（2766m、高39）への登りはきつく感じた。その後下り、三国境からは調子良く登り白馬分岐点で写真を頼んだ。以

降、②白馬岳（2932m26位）まで人に遇わず、頂上には10余人パーティがいた。表示名台で山々を確認して下り15:30村営頂上宿舎着・泊、良く歩いた。昼間の天気は良かったが18時頃に雨となった。20日5:40発、霧と強風の中を以前積雪で断念した杓子岳（2812m60位、高40）から白馬鑓ヶ岳（2903m32位、高41）へ踏破していった。霧で周辺の山容は余り見えなく残念であった。下山では鑓温泉方面の道が判りづらかった。温泉は入らず急ぎ下り猿倉12:15着、バスで八方－栂池高原に移動して車を受け取り14:00発、長野の善光寺に参拝して高速長野－三郷経由で21:20帰着した。

　2014年8月28日～9月1日（薬師岳）：28日つくば14時発、羽田18:25発、富山市内のホテル泊。29日6:20発、折立8:20発、2度目のルートであるが、樹林帯は暑くきつかった。12:30太郎平（2330m）からは歩き易かったが、やがて凄く急な沢沿いを登った。薬師岳山荘14:20着、目指す北アの薬師岳（2926m27位、高42名39）には50分で登り、山の景色を堪能し写真を撮って16:30小屋に戻った。ただ山頂では北薬師岳（2900m）に行きたくて登りかけたが時間的に無理かと思って断念し、明日に登ろうと思った。手袋なしでは寒かった。30日晴天であったが天気悪化との小屋での情報で北薬師岳は断念。もし大雨で谷川になると危険なので、太郎平に急ぎ下りたが全くの上天気で拍子抜けした。太郎山（2373m）の南で珍しくゆっくり山を探勝した。太郎平9:00発、気力落ちで気が緩んだか、何でも

ない所で右足首を捻挫したが、まあ何とか歩けた。怪我で痛さが増して時間がかかるかと心配し、他を見る気もしなくなり、ゆっくり歩いたが、早々と11:30折立に下山して待った。バス14時発、富山16時着、市内のホテル泊。31日6時前発、立山駅－美女平で立山杉の原始林で数百年生の特徴ある巨樹6本と倒木更新の佇（たたず）まいを見て感動した。立山高原バスを美女平－弘法で降り、急斜面を鬼城・称名川に下った。霧の中で例の落差350mの称名滝を見た。落差500mのハンノキ滝は落水が少なく細いが今回は確かに見え感激した。立山－富山に出て、風の盆の展示文学館を見学し館員と話をして下記の本を寄贈する事にした。9月1日富山から八尾（やつお）に行き、八幡神社・蚕養宮・紙博物館・八尾の屋台・おわら節・おわら風の盆踊（最後の踊りは雨）を終日回遊。2013年1月の入院時に読んだおわら風の盆の冊子に惹かれての探索を心行くまで堪能した。富山－羽田で23:30帰宅した。

　2014年9月5日に『自然の風・風の文化』（真木・真木、2014）を出版した。あとがきに、真木の百名山を提示したが、「日本百名山を登らないで、真木の百名山ですか」の疑問に答える意味で、先に特化して日本百名山を踏破する事に変えた。百名山は高山・時間的・地域を考慮した難しい山からとし、まずは百高山・百名山の常念岳と5山の百高山に登ったが、百名山への切り替えは実質的には2015年5月からとなった。

　2014年9月22〜24日（燕岳－大天井岳－東天井岳－横

51

通岳－常念岳）：22日TXつくば20:18発、新宿バスタ23:00発、*23日穂高駅3:44着、タクシー（7500円）5:00－5:40中房温泉発、踏み慣らされた山道を燕岳向けて登った。苦労して進むとやがて燕岳の垂直岩壁が見えてきた。燕山荘に荷物を置き、急ぎ35分で燕岳（つばくろだけ）（2763m76位、高43、写真7）をピストンして大天井岳（おてんしょうだけ）（だいてんじょうだけ）に向かった。若者と抜きつ抜かれつになったが最後は抜かれた。大天荘に13:30着で7〜10時間かかるのを8時間で早い方だった。荷物を軽くして大天井岳（2922m30位、高44）に登った。天気良く眺望は最高で、野口五郎岳、南真砂岳、水晶岳、鷲羽岳、三俣蓮華岳等々が見事に見えた（写真8）。これで30位2900m以上の高山は踏破した。有明山（信濃富士）は頂上が平で目印になった。昼間は快晴で夜は雲が出た後、再び快晴となり手に取れそうな満天の星空となった。24日6:07発、ハイマツの多い下り気味に並ぶ中天井岳（2890m）－東天井岳（2814m58位、高45）－横通岳（よことおしだけ）（2767m72位、高46）（写真9）を快調に下って、常念小屋から常念岳（2857m45位、高47名40）にピストンで登り、頂上で景色を堪能した。常念小屋から下り槍ヶ岳を見納めとした。タクシーの時間に合わせるべく、最初急、後半緩で下りた。林内を観察しながら下るが、動物の糞が多く気になった。10:10頃に2回程ぱらっと来たが陽も射したりもした。周辺の景色、林内をゆっくり見た。13:05に一の沢沿いのヒエ平に下山して山の神からタクシー（4900円）で穂高駅に出て、特急松本－新宿で19:20

に帰着した。

　常念岳は百高山・名山であり、先に名山達成には不可欠であるため、長距離の難山を先に踏破する目的で登ると同時に、踏破可能な4高山を加えた計5高山の山行で、至って効率的だった。

　2014年は30山に登り、2014年末で百高山47、百名山40、共に40座以上に達し百高山の集中年だった。

3. 7　百名山への切換集中年の登山（2015年）

　2015年1〜12月（国際農研・九大名誉教授・学術会議連携会員〜（3月国際農研最終・4月北大研究員）〜九大名誉教授・学術会議連携会員・北大研究員）：

　2015年4月27〜28日（立山（室堂））：（新幹線、娘）27日TXつくば5:06発、上野－富山10時着、富山－瀬浜で富山港展望台から蜃気楼と富山の雪の高山を広範囲に眺望した。富山湾の上位蜃気楼（空気層の上層が暖、下層が冷で発生し、遠方の景色が上方に伸びたり反転して見える現象）は有名であるが、実際に見られるのは珍しく貴重な体験をした。次に北前船廻船問屋 森家の特徴的な建物と町並みを見て富山に戻り、富山城を見て市役所展望塔から立山、剱岳等の真白な雪の高山を眺め感動した。東横イン泊。28日5時発富山－6時半立山着。ケーブルカーで立山－美女平7時半着で風雪にも負けない立山杉の巨木を数本見て回った。バスで美女平8時発－立山室堂9時着で、雪の室堂平と立山三山を見た後、雪を被ったみくりが池まで

歩きハイマツと白い雷鳥のつがいを見て室堂に引き返した。
雪の大谷では圧倒される高さ19mの雪の壁を見て回り、
写真を撮った。室堂から11時過にトロリーバスでトンネ
ル内を大観峰へ行き、白銀の雪山を見て感激すると共に写
真を沢山撮った。黒部平－黒部湖と移動し13時頃ダム上
を歩いた。少し時間的にゆっくりして巨大な黒四ダムを眺
めると共に展示場では映像を見た。黒部ダム－扇沢16時
発－信濃大町17:19発－松本18:34発－新宿21:06着－東京
－つくば・並木大橋22時半着で無事帰宅した。

　2015年7月11〜14日（<u>木曽駒ヶ岳</u>－<u>三ノ沢岳（三沢
岳）</u>－<u>檜尾岳</u>－<u>熊沢岳</u>－<u>東川岳</u>－<u>空木岳</u>）：11日TXつく
ば5:06発、新宿－岡谷－駒ヶ根－駒ヶ岳ロープウェイで千
畳敷（**写真10**）に着いて登り始め、乗越浄土を越えて、
まず宝剣山荘に寄り中岳（2925m）に登った。天気良く素
晴らしかった。次に②<u>木曽駒ヶ岳</u>（2956m25位）を究めて
引き返し、剣・牙状の険しい宝剣岳（2931m）に登攀した。
急峻な岩場を縫って宝剣山荘に戻った。夜は鼾を掻く人の
隣できつかった。12日4:30起き丁度御来光を窓から見て
6:00に食事して発ち、千畳敷回りで極楽平に着いた。三ノ
沢分岐からハイマツが多く三ノ沢カールを見た。頂上付近
に雪があり道が明確でないので適宜頂上に向けて登り<ruby>三ノ<rt>さんの</rt></ruby>
<ruby>沢岳<rt>さわだけ</rt></ruby>（三沢岳2846m46位、高48）に着いた。三ノ沢分岐
からコースタイムは片道2時間だが現地のガイド図では1
時間40分でその通りだった。三ノ沢分岐に引き返し、ベ
テランに引かれ勇気を出して南側から狭い急な道で2度目

54

の宝剣岳を越え宝剣山荘まで戻った。時間が浮いたので和合の頭（2911m）－勅銘石（9合目）－伊那前岳を40分宛で往復して宝剣山荘に連泊した。夜には流れ星が大きく見えた。上空は薄雲があったが星が潤んで見え風が強い事が予見できた。その後強風になってきた。また徳島の彼の鼾で苦労した。13日朝霧だったが強風は少し弱まった。朝食を摂って彼と同時に出たが写真を撮り遅いので先に登った。千畳敷回りで極楽平－島田娘ノ頭（2858m）－濁沢大峰（2724m）－檜尾岳（2728m85位、高49）－大滝山（2708m）－熊沢岳（2778m69位、高50）－東川岳（2671m97位、高51）－木曽殿越・木曽殿山荘着だった。極楽平より檜尾岳まで何の案内もなく、ずうっと強風と雨・霧ガスだった。濁沢大峰で道を間違えた。元に戻った先に不本意に下る鎖があり怪訝（けげん）に感じたが何とか越えて行けた。特に檜尾岳の前後は雨に見舞われた。30分間かなり降った。西側斜面は雨で風下の東面では止んだ。熊沢岳からは赤の矢印があり助かった。コースタイム6時間40分が8時間30分かかり酷かった。他の夫婦も9時間かかった。木曽殿山荘に夫婦、自分（15:05）、彼の4人が面白い事に同時と言うか相次いで着いた。その直後、反対の空木岳（うつぎだけ）からドイツ人が着き5人が泊まった。千畳敷方面から来た4人皆が、道を間違え長時間かかった。極めて道案内が悪く遭難の危険があった。霧・強風の中、千畳敷から1日歩いて誰にも遇わなかった。夜中は日本海低気圧による強風雨だった。谷・鞍部の小屋は風が強く唸っていた。14日、

管理人が急な坂道や岩の通過法など詳しく説明してくれた。越百小屋に行けないと電話した。5:35皆の最後に出た。強風だが霧は少し薄くなり陽も出たりした。急な坂を上り、夫婦に第1ピーク近くで追付いた。頂上近くに大岩が沢山あり、7時頃巨岩のある①空木岳（2864m41位、高52名43）に着き、南の南駒ヶ岳・越百山方面を眺め写真を撮っていると晴れて来たので再度行こうかとも思ったが、名残惜しく駒峰ヒュッテに下りた。巨岩の駒石を見て下ったが、大地獄の鎖で滑って擦り剥き、ボトルも落ち坂下で拾って下山した。タクシーを呼ぶが通じず、歩いて13:25菅ノ台バスセンターに下り駒ヶ根に出た。新規5山を踏破し6山を縦走した。駒ヶ根－岡谷－新宿－東京で19:10帰着した。

極楽平－檜尾岳－熊沢岳間の道の悪さには驚きを超えて情けなかった。百名山達成後、山の日制定に関連して、環境省に山道案内標と道の整備等を要求した。応対に際して腹立たしい点があったが、善処の文書をもらった。なお、国立公園ではかなり整備されているので、山地該当市町村と密接な関連の総務省への説明・要望が適切だったかと思った。本件では総務省・長野県・駒ヶ根市・大桑村に改善を願いたい。

2015年7月30日～8月2日（**黒部五郎岳－三俣蓮華岳－双六岳－抜戸岳－笠ヶ岳**）：30日TXつくば5:06発、上野（新幹線）6:22－8:26富山－有峰口－折立10:35着。慣れた3回目の単調な山道は林内で風が弱く蒸し暑かった。太郎平小屋15:00着・泊。31日5:40発、2日目は疲労回復し、

北ノ俣岳（2661m）まで順調だったが五郎越の急坂はきつく、黒部五郎岳（2840m51位、高53名45）を究めた後、北側の黒部五郎カールを見ながら雪を3回食べ、ゆっくり歩いた。黒部五郎小舎13:30着・泊、高山の小屋内で珍しくコオロギが鳴いていた。朝弁は21時にもらった。8月1日4:00発、ヘッドライト初使用、満月の月光が明るいが林内は必要だった。三俣蓮華岳（2841m48位、高54）頂上は人に教えられて登り快調だった。丸山（2854m）－双六岳（2860m44位、高55）も時間がかかったが順調に登った。笠ヶ岳が見えてから4時間ガンガン照りで暑く、木陰で弁当を食べ休息して助かった。4人組と同じく無雪コースにした。子供連れの4人とも抜き抜かれになった。弓折岳（2592m）－抜戸岳（2813m59位、高56）を越えて笠ヶ岳山荘15:15着だった。少し休み、ガレ場を憧れの笠ヶ岳（2898m34位、高57名46、**写真11**）に登った。頂上は石で平になっていた。周辺の槍・穂高など全山が見渡せ焼岳・乗鞍岳・御嶽山が見事に一列に見えた。独立峰の御嶽山は北アの続きのように最南端に見えた。山荘側の話として翌日の南尾根は雪崩・倒木で荒れて徒渉不明瞭との事で意欲を失い絶念した。時々、小屋では有益情報も得られるが、不安を煽られて止めさせられる傾向がある。今回は如何なものであろうか、比較ができないので複雑な思いであった。21時消灯。初めて1布団に2人で暑く、マスクして寝たが汗を掻き眠れなく、下窓を開けてくれて良くなり朝方少し寝られた。2日5:26発、抜戸岳から笠ヶ岳新道を下った。

景色は抜群で急断崖を見て長い坂を下り森林浴をした。下部には巨岩があった。穂高側の麓の道沿いにお助け風穴があり、冷気を多数点で感じ写真を撮り、風穴研究者として山ガールに教えた。下からの笠ヶ岳の断崖は凄く急峻に見えた。10:30新穂高温泉に着き、バスに乗る前に美味しいラーメンを食べた。11:30－13:30で松本着、特急に乗る時に食料買えず持参の菓子類を食べたが皮肉にも一つ残していた。松本－新宿－東京で18:30帰着した。

　2015年8月6～8日（爺ヶ岳－鹿島槍ヶ岳）：6日TXつくば9:24発、上野（新幹線）10:30－12:09長野（バス）13:00－14:10信濃大町着、信濃大町で塩の道博物館の塩問屋倉庫を見た。瀬戸内の塩を糸魚川経由で輸送していた。夜、旅館いとうで蚊に刺され、早くもコオロギが鳴いていた。暑くて眠れず、扇風機でクシャミが出て風邪薬を飲んだ。7日九日町より5:30バスに1人乗った。ザックを車内に持ち込めずクーラーで冷え体を動かし耐えた。扇沢6:15に登り始め、森林があり日陰が多くヒバ、ツガの大木があった。4時間で種池山荘に着き休憩した。爺ヶ岳（じいがだけ）は雲があり暑くなくて良かった。爺ヶ岳（南峰2660m－中央峰2670m98位、高58）を登下降した。北峰（2631m）は登れず（危険と植生保護）、帰りも不明だった。6時間15分で12:30冷池山荘（つべたいけ）に着いた。夕方、鹿島槍ヶ岳カールが沸き立つ雲と共に間近に迫り感激した。夜中3時頃、月明かりが弱く星が綺麗だった。8日4:10発、針ノ木岳・赤沢岳、遠くに富士山・立山・剱岳も良く見え感嘆した。布引山

（2683m）から強風（8〜10m/s）と低温（6〜8℃）で苦労した。耳が痛くなりヤッケとカッパを着た。<u>鹿島槍ヶ岳</u>（<u>南峰2889m36位</u>−北峰2842m、高59名47）に登頂した。南峰−北峰間は25〜30分だが強風で40分かかった。キレット並に急峻で参った。約5時間で引き返し冷池山荘9:00に戻った。下る時は暑く種池山荘で冷たいジュースを買って飲んだ。行きに100×25cmの雪が帰りに10×5cmに融け驚嘆した。下り5時間半で14:30に下山した。扇沢15:10−17:00長野（新幹線）17:06−18:57東京で、20:20に帰着した。

　2015年8月17〜19日（<u>小蓮華山</u>−<u>白馬岳</u>−<u>旭岳</u>）：17日TXつくば20:50発、新宿（夜行バス）23:00発、*18日6:25栂池高原着、8:00発ゴンドラリフト・ロープウェイ、8:50登り始めて急坂となり、乗鞍岳（2437m）を越えると、やがて大石が白馬大池まで続いた。そこで弁当を食べると雨になり雨具を着た。②<u>小蓮華山</u>（2766m74位）は霧雨だった。三国境を通過して③<u>白馬岳</u>（2932m26位）15:20着、頂上宿舎15:50着・泊。旭岳は霧の中を下見のつもりで出た。雪渓があり方向不明だったが、霧が晴れて頂上が見えたので、登り始めたら白馬の方に行ってしまい引き返して<u>旭岳</u>（2867m39位、高60）に登った。相当探したが三角点はないのか見当たらなかった。白馬は3回目で白馬頂上には5回登った。欅平方面は道が荒れて長時間かかるため止める事にしたが別の人は翌日出て行った。立て続けに今回も、特に公営宿舎では不安がらせ中止を勧め過ぎる傾向

があり残念で空しく感じた。以前どこかの山で同室だった佐賀の人と2人のみで偶然同室になり話して奇遇に感じた。19日4:30発、白馬岳頂上では晴れて旭岳も見えた。上層雲と下層雲（雲海）で高山は雲なしで良く見えた。小蓮華山経由で下山した。栂池高原の栂池自然園で急ぎ奥の浮島湿原までを一周して写真を撮り戻った。ロープウェイ・リフト11:40発、ツアーの人と一緒になり山の愚痴（コース、弁当）を聞いてもらった。聞き流しただろう。長野行きバス12:25発、長野（新幹線）15:03 − 16:28東京で、18:20帰着した。

　2015年8月22 〜 24日（**間ノ岳 − 農鳥岳 − 広河内岳**）：22日バスつくば13:17発、新宿 − 甲府で舞鶴城公園・甲府城を見て武田神社をタクシーで往復した。ホテルアサヒ泊。23日バス4:35発、広河原6:30発、二俣から何とか梯子の多い八本歯ノコルを越え、喘ぎながら②中白根山（3055m）−②間ノ岳（3190m3位）で15:30農鳥小屋に最後に入った。ほぼ時間通りだった。夕食は干し野菜・味噌汁・ご飯だった。24日4:30発、西は曇り、東は晴れていた。小屋を出てすぐ、立ちはだかるような農鳥岳の写真を撮った（**写真12**）。喘ぎながら②農鳥岳（西農鳥岳3051m16位 − 農鳥岳3026m）を越えて下り、大門沢下降点から①広河内岳（ひろごうちだけ）（2895m35位、高61）を約1時間でピストンして12:30奈良田第一発電所に下山した。コースタイム8時間40分を8時間で早かった。奈良田温泉4.3kmの炎天下を歩き、側溝でマムシを見た。奈良田（バス）13:50発、身延 − 富士 − 三

島（新幹線）－東京で、19:30帰着した。

　2015 年 8 月 29 ～ 30 日（<u>龍王岳</u>）：29 日 TX つくば 5:06 発、上野（新幹線）6:22 － 8:26 富山まで雨だったが立山に着き、美女平より室堂 10:50 着までは晴天だった。室堂 11 時発、雨中を室堂山（2668m）に登った。浄土山（2831m）では富山大施設で道が分かり辛かった。兎岳（五色ヶ原）方面に行く若者 3 人と登る内に、登り口を通り過ぎてしまい、引き返して<u>龍王岳</u>（2872m38 位、高 62）に登った。ガス中で写真を撮り一ノ越・山荘に下った後に、雪渓があり滑りながら下りた。みくりが池とみどりが池の間を通って雨中かつ有毒ガスの出る中、マスクを付けて雷鳥沢ヒュッテに 15:40 に着いて温泉に入り泊まった。30 日雨で大日岳行きを絶念して室堂 6:15 発バスで立山駅に下り、立山カルデラ砂防博物館を見た。立山－寺田－新魚津よりタクシーで魚津埋没林館に行き、海面下の興味深い埋没林展示を見た。新黒部・黒部宇奈月温泉（新幹線）14:10 － 東京で、18:10帰着した。

　2015 年 9 月 3 ～ 5 日（<u>仙涯嶺</u>－<u>南駒ヶ岳</u>－<u>空木岳</u>）：3 日TX つくば 6:28 発、新宿－塩尻－木曽福島。木曽川は増水していたが清流だった。雨中、山村代官屋敷では庭を見て供応室で休み寝ていたら、神の化身とされる御神体（白狐ミイラ）を見せてくれた。昔は見物人で繁盛したそうだ。外の稲荷神社にもお参りした。福島関所資料館では関所通行の苦労が窺えた。高瀬資料館では土蔵の展示室を見たが、島崎藤村の姉の家で「家」のモデルだった。お握りを食べ

たらお茶を出してくれた。旅館むらちやで暖房をつけて乾燥させたが、夜に消したら冷えて体が震えていた。再度暖房をつけ毛布を出して寝た。4日6時発の直前に雨が止み、JR須原からタクシー（5400円）で伊奈川ダム近くに下りた。7:30登り始めたが同宿予定の土屋氏（彼）は先に行った。コースタイムより少し早く13:00越百小屋に着き泊まった。曇・霧の森林帯は暑くなく、小屋はその境界線にあった。名物親爺がいて、3食1万円で拘りコーヒーも出た。5人で良く喋ったが、険しい山・コンパス・保険で不安を煽られた。夕朝ストーブあり寝袋に入ったら寝苦しく掛けて寝た。満天の星空になった。5日5:35発、晴天で雲海を見た。越百山（2614m）は一番乗りであり、頂上から北西方向に独立峰の御嶽山（3067m）、その右側に北ア最南端で独立峰ともされる乗鞍岳（3026m）（写真13）がくっきりと見えた。仙涯嶺（2734m82位、高63）は鋭利な岩山で、彼に追い付かれた。前に偽山があると聞いていた。道が沢山あり判り辛かったが外回りで目的の南駒ヶ岳（2841m48位、高64）に登った。富士山も見え絶景だった。駒峰ヒュッテは混むと言うので急いだ。鎖が厳しかった事で、逆方向から来る計画だった前回の天候下の登山は無理だと思った。1人に遇ったが南駒ヶ岳を日帰りの速足で早々と追い抜かれた。花崗岩の巨岩に覆われており、赤梛岳（2798m）も岩山だった。ここで引き返す計画だったが、小屋での彼の話で駒峰ヒュッテが泊まれるため変更した。2度目の巨岩の②空木岳（2864m41位）に逆方向から11:40に着き写真

を撮った（**写真14**）。駒峰ヒュッテは12:00着で12:30まで休み、彼に伝言を頼もうと話した時に偶然に来て、直ぐ山を下りる事を伝えた。最初急ぎ後は普通で歩き16:00菅ノ台に下山した。鷹打場でタクシーを頼み林道終点から駒ヶ根まで出た（4050円）。駒ヶ根17:22発－東京で、23時過ぎ帰着した。

　2015年9月21〜23日（**鳳凰山**（**薬師岳**－**観音岳**－**地蔵岳**）－**高嶺**）：21日TXつくば12:25発、新宿－甲府で東横イン泊。22日バス甲府4:35発、南ア北東部の夜叉神峠登山口5:50発、杖立峠から苺平でシラビソ・ダケカンバ林内を競って歩き南御室で水を補給した。森林帯からガマ巨岩を見て視界が開け、大岩の多い砂払岳の横を通って12時に薬師岳小屋に着き荷物を置いて、まずは<u>鳳凰山</u>（<u>薬師岳</u>2780m67位、高65）に登り、周辺の岩地や砂払岳の巨岩にも這い上った。紅葉は絶好だった。薬師岳は夕方にもスリッパで見に行った。小屋は最初涼しかったが後は人熱れで暑く息苦しかった。23日6:23発、<u>薬師岳</u>は快晴で、1〜3位の<u>富士山</u>と<u>北岳</u>・<u>間ノ岳</u>が同時に見られる絶妙の眺望だった。次は最高峰の<u>鳳凰山</u>（<u>観音岳</u>2841m48位、高66名52、**写真15**）に登った。百名山では<u>鳳凰山</u>で代表されるが<u>観音岳</u>・<u>薬師岳</u>・<u>地蔵岳</u>で鳳凰三山と呼ばれている。順調に越えてアカヌケ沢ノ頭（2750m）から地蔵岳の方に下り<u>鳳凰山</u>（<u>地蔵岳</u>2764m、高67、**写真16**）のオベリスク（地蔵仏と呼ばれる巨大な尖塔で鳥の嘴に見立てる）の相当上部の2750m位まで登れた。頂上の岩は大きく真二

つに割れていた。再び賽の河原（沢山の地蔵仏）から沢ノ頭を越えて<u>高嶺</u>（2779m68位、高68）に登り弁当休憩した。<u>地蔵岳</u>はずっと視界にあり、<u>北岳</u>と谷川域が正面に見え広河原が直下に控え、景色は抜群だった。薄ピンクの可憐なタカネビランジを見かけた。白鳳峠の分岐点は林の中に標識があり、急な坂で広河原に12:40下山し12:45バスに乗り、甲府－東京で18時過ぎ帰着した。百高名山4座を踏破した。

2015年11月4日：つくば市並木のショッピングセンターPAの車止めに躓き、宙に飛び転倒して顔面・顎の強打・充血の怪我を負い、病院で救急処置を受けた。山行を数日延期した。

2015年は半年間で最高の80山以上に登った。百高山68・百名山67で70山に近くなり、共に集中年だった。

3. 8 百名山集中・達成年の登山（2016年）

2016年1 ～ 12月（学術会議連携会員・九大名誉教授・北大研究員）：

2016年7月20 ～ 22日（<u>五竜岳</u>－<u>唐松岳</u>）：20日つくば18:30ジオパーク集会に出てTX20:20発、新宿バスタ23:05発、*21日5:30白馬五竜バス停着で35分車道を歩き1時間、駅の外で待った。エスカルプラザとおみ駅7:30発の白馬五竜ゴンドラテレキャビンでアルプス平に着き、高山植物園内の展望リフトで地蔵ノ頭（1673m）登山口に8:00着発で、小（2007m）・中（2037m）・大（2106m）・西（2268m）遠見山を経て快調に登り、幾つかの鎖・岩場を首尾良く越え

て13:30に待望の白岳（しらたけ）（2541m）の五竜山荘に着いた。登山中、道脇に雪は少しあった。高山植物を見ながら登り、森林限界を越えるとハイマツが多くなった。コースタイム5時間5分を5時間30分だった。荷物を少し残して五竜岳（2814m57位、高69名90、**写真17**）へ登った。足場は植生が少ない岩砂漠の岩場のようで、特に頂上付近は足のすくむ程の岩稜だった。1時間40分コースを2時間で15:45に山荘に帰った。途中岩場は数人で少なかった。薄日が時々射したが霧で曇天だった。夕方頂上が一時的に見え貴重な眺望だった（**写真17**）。部屋は最奥の五竜で記憶に残った。夜は時々雲があったが月が見えた。夕食はカレーで下痢をするので控えめにした。22日御来光を見て朝食5時（味噌汁2杯）で五竜山荘5:25発、順調に歩き2時間30分で8時に唐松岳頂上山荘に着き、唐松岳（2696m92位、高70）は上り20分、下り10分だった。景色は絶好だった。唐松岳では道沿いに雪はないが離れた場所で少し雪を食べた。小屋付近は30人程の高校生が出発で集合していた。写真を撮って9時には下り始めた。人の列を次々越えて下った。大唐松沢に扇雪渓があり下方から見上げた。やがて八方池（神秘の池2060m）に来たが池に反射する期待の白馬岳などの山陵は雲で見えず残念だった。道沿いに綺麗な多数の高山植物があったが心理的・時間的に余裕はなく、池を含めて何時か再来しようと思った。八方山ケルン（1974m）を通って八方尾根を下ったが、雲があるとは言え景色は抜群だった。登山客が多数で驚く程の2組120人、100人の

グループだった。リフトを2回乗り換え、兎平ではゴンドラアダムで下った。見晴しが良かった。下りてから森閑とした霜降宮諏訪神社の石段横に立つ巨杉（10m、41m、1000年）を思い掛けず見られた。歩いて12:40白馬八方バスタに着いた。バス13:40－15:00長野（新幹線）15:20－16:52東京で、18:20に帰った。百高山70、百名山90踏破の切りの良い山となった。

　2016年8月9～11日（光岳－上河内岳）：（車）9日つくば0:10発、高速新静岡より27・189号で井川ダム－畑薙第一ダム－沼平ゲート6:00着。ウドンを食べ少し寝て、沼平で6:55バスに乗り聖岳口・畑薙大吊橋で下りた。3人は抜き抜かれだった。横窪沢小屋に着きキャンセルして茶臼小屋に変更した。若い人に宿泊の伝言を頼むと共に、後で携帯電話が繋がり宿泊を頼んだ。7時間40分で14:30へとへとで茶臼小屋着・泊。計画を変えた事と顔・態度を見てか、翌日は往復の予定が光岳小屋泊を勧められた。わざわざ地図を渡され部屋まで来て往復13時間かかると強調して変更させられた。両隣の人は往復が良いとは言っていたが町営小屋指導の安全重視を考慮して応じる事にした。受付女性の先入観が発端か。気分的に楽になり夕食は美味く食べた。百名山を目指す女性の大盛飯のお代わりには吃驚した。ある夫婦の夫が帰らず危ぶまれたが、往復13時間なら帰るには時間がかかると話したらその通り19時になって帰って来た。消灯20時。10日朝食後5:30発、茶臼岳への登りはゆっくりで楽だった。茶臼岳（2604m）は霧だっ

たが帰りは良く晴れていた。易老岳（2354m）を通り光岳に向かった。小屋近くのセンジガ原の草原と針葉樹の景色は良かった。その辺りで百名山達成した例の50歳程の女性に遇った。おめでとうと言い自分は97番目（後で数えると95番目）と言ったら丁度来た男性登山者は297番目だと言って呆気に取られ驚いた。5時間足らずで10:00過ぎに光岳小屋に着いた。これなら茶臼小屋まで帰れると思い、小屋でキャンセルOKなので急いで光岳（2592m、名95）に上り25分、下り15分で5分宛縮めた。調査ヘリが丁度、光岳頂上に来て風を受けた。後でもヘリを何度も見た。頂上で写真を撮ってもらった。光岩は下方に見え写真を撮った。帰りの方が時間は多くかかる事を考え懸念材料だと理解はしていた。一方早く帰ってやるとの意地もあり、とにかく急ぎ下った。易老岳辺りは急ぎの正念場できつかったが下り坂なのでかなり早く歩けた。地質調査所の人と出逢ってから直ぐ茶臼岳に着いた。ここまで来ると余裕が出て頂上で写真を撮りゆっくり下りた。茶臼小屋には10時間30分で16時に帰り泊まった。往路の最初と帰路の茶臼岳付近での緩慢な歩きを考えれば10時間だったか。昭文社の地図で、実は13時間15分を9時間50分と計算ミスしていた。渡された地図でも13時間だったし、日本百名山－山歩きガイド（JTBパブリッシング）でも12時間55分だった。帰ったら女性従業員からお見逸れしましたとお詫びを言われ、男性からは3時に出たのかと聞かれ、朝食して5:30出発と言った。そんな事なら朝弁で出かければもっ

と気楽だったと悔やんだが、前後ゆっくり見て歩けたので良かったか。連泊の夕食はサシミではなく肉が出た。朝弁は700円で安かった。11日2:50起きで3:10発、上河内岳に登るべく電灯を点けて毛帽子とヤッケ姿で発った。暗く風が尾根筋で強く寒かった。2時間50分を2時間で上河内岳（2803m63位、高71）に登った。聖岳に行く学生が10人程いた。景色は絶景だった。きつかったが登れて高揚した。上河内岳往復は4時間20分程で茶臼小屋7:30頃着。ゆっくり休み小屋から8:30頃に下り始めた。下りは4時間20分程だった。ヤレヤレ峠で子供連れに遇い本当にやれやれだねと話した。バス停に12:50下りたが適当なバス（13:40）がなくPAまで歩いて13:40車に着いた。林内は良いが50分の炎天下の車道は暑かった。沼平ゲートを出て畑薙ダムを渡った後、山道は狭く車はライトを点けて走り、高速新清水で入り清水PAでウドンを食べ駿河湾沼津SAでガソリンを入れた。車メーター66666kmだった。渋滞に遭い海老名PAでまたウドンを食べて休むと暗くなり高速道は空いた。都市高は6号線頼りに走り三郷高速口で少し休み、22時帰着した。

　2016年8月18〜21日（塩見岳−蝙蝠岳−烏帽子岳−小河内岳）：18日TXつくば5:06発、新宿からJR伊那市に10:30に着くが駅付近には観光地や見る所が全くなかった。15:30まで県事務所と本屋の椅子で寝て身体が冷え、本屋のロビーで横になって寝て時間を潰してエビスホテルに入った。19日4:40発、伊那市5:13JRに乗り、6:45伊那大島

でバスに10人程が乗った。8:35鳥倉登山口着発、2回目であり三伏峠（2580m）に3時間で着き、本谷山（2658m）も順調で、景色は素晴らしかった。塩見小屋に3時間20分で15時に着いた。余り休まない方法で登り、ほぼ時間通りだった。途中4人組（男1女3）に追い越されたが塩見小屋には先に着き泊まった。夕方まではかなり雲が出ていたが次第に晴れ、北岳・間ノ岳・仙丈岳も良く見え申し分なかった。夜までに完全に雲は消えた。満月が出て明るく綺麗で、悠然とした紫紺の塩見岳が見えたが風が出て心配した。夕食はカレー、汁と茶はお代わりした。水は2ℓ800円だった。寝床は3人の真中だった。天井裏の余熱で暑かったが夜はまあ良かった。20日トイレ中に目覚まし時計が移動して鳴り迷惑を掛けた。風が強く遅らせて4:10発。荷物はかなり残した。風は特に尾根が強かった。早朝に写真を撮った頃（**写真18**）には太陽が出て見事な晴天で、山頂には笠雲が掛かる程度であったがやがて霧が出て来た。②塩見岳（西峰3047m－東峰3052m）まで1時間20分、東峰が急だった。東西の頂上で写真を撮った。急な坂を東に進み、熊ノ平（北荒川岳）・北俣岳分岐点を通り、北俣岳（2920m）を越えて蝙蝠岳（こうもりだけ）に向けて下った。その分岐からは往復6時間である。頂上直前で雨となったが、8:20蝙蝠岳（2865m40位、高72）に着いた。塩見小屋から4時間50分を4時間10分だった。写真は自撮りした。途中抜いた女性4人が来た。二軒小屋に下ると言う。雨は止むかと思ったらその後ずっと降った。30分戻った所で昨日の4

人組に遇った。もうかなりの雨で、帰りは岩が濡れている
ので十分気を付けてねと言われた。その後風も強くなり、
崩れかけた斜面の方へ行ってしまい少し入った所で思い
切って引き返し尾根筋に出てほっとした。5mm/hの雨で
あるが風で難儀した。2組に遭遇後は誰にも遇わず心細く、
最後の登りかと思ったらまだ何回かあった。とにかく熊ノ
平分岐点に戻って安心した。塩見岳は西峰を通った。コー
スタイム9時間35分だが急いだため8時間20分で塩見小屋
に12:30着き連泊した。登降は実にきつかった。しかも風
雨で常に動いて体温低下を防いだ。晴天であれば三伏峠ま
で行けるが、ずぶ濡れではとても無理で止めた。靴の内部
は水で溢れていた。ハイマツの水が靴に入ったためである。
防水効きでも入っただろう。2階部屋で寝袋に厚手服を着
たまま入った。ズボンはかなり乾いたが服は全くだめで、
上服を脱いでワイシャツとランニングになり、体温で乾燥
させた。靴下を換えようとしたらザックの下から水が入り
ビニール袋内も濡れていた。靴下は手で絞って干したが全
く乾かなかった。手袋は朝出る時に片方を見失い急遽300
円で買ったが木綿製は濡れると冷たかった。夕食4:30、ま
たカレーだった。ライスのみ食べ、スープと茶はお替わり
した。難行苦行を終え翌日の行程を考えた。夜中に雨は止
んだ。16夜月も出て明るく、明朝は早く出られそうだ。
21日2時起き、3:10発、晴、4:50本谷山付近で明るくなった。
3時間10分コースを3時間で歩き三伏小屋手前で水場・お
花畑の悪沢（荒川）岳方面に6:10頃入った。沢沿いの道は

廃道になっており聞いておいて良かった。烏帽子岳帰りの
夫婦に遇い少し話した。烏帽子岳（2726m86位、高73、
写真19）まで早かった。北アの烏帽子岳（2628m）が高い。
写真を撮ったら頂上に手袋を忘れた。片方でOK、帰りに
回収した。前小河内岳（2784m）、小河内岳（おごうちだけ、
2802m64位、高74、写真19）をピストンした。かなりき
つかった。写真の通り避難小屋が灌木の斜面上に遠くから
鮮明に見えていた。頂上へ登った。往復路共2時間20分が
ほぼ時間通りだった。急ぎ三伏峠まで引き返し11:10（予
定10:50）に着き、全体時間で余裕が出た。残り2時間な
ので、ゆっくり下りた。ルンゼ（岸壁に食い込む急な岩
溝）とコル（稜線のピーク間の低地）を越えた。6.5合目
に仏の清水があり、ほっとして沢山飲みボトルを満たした。
足が痛くなりゆっくり下りた。13:50烏倉に下山した。今
回の山行はきつく心配したが予想外の快心の3山で達成感
があり満足した。バス14:25で10余人いた。15:25JR大島
着16:25発、車中で予備食を食べ横になり寝た。岡谷18:31
着18:51発、カツ丼弁当買えて良かったが席なし。女性が
親切に席を立ってくれたので弁当を食べて席を返した。そ
の後も一度代わり感謝しお礼を何度も言った。新宿21:06
着、東京22:00に乗り23時帰着した。当年は天候不順で計
画が立て辛かった。

　2016年8月24〜27日（祖父岳－水晶岳－赤牛岳－野口
五郎岳－三ツ岳）：24日TXつくば5:06発、上野（新幹
線）6:22－8:26富山着だが、バス第1便8月15日終了で、

古く閑散とした有峰口駅のベンチで2時間半、寝て暑さを凌ぎ待って12時頃に乗り13:20折立に着いた。5人登ったが抜かれた。富山は晴れていたが夕方小屋に着くまでに何回かパラっと来て雷も鳴った。ザックカバーを着けた。4回目で道は慣れており、疲れていたがそれでも5時間を4時間半で17:45に太郎平小屋に着いた。水自由、トイレ水洗だった。夕食（豚カツ）18時から最後の1人だった。朝弁を受取ってなく、聞きに行くと枕元に黙って置いてあり気付かなかった。25日2:50起き、3:25発、暗闇でも予定通り歩けた。薬師沢小屋より急登し、少し長くかかって木道になった。2回滑った。雲ノ平は雪がなかった。水を汲んで飲んだ。②祖父岳（2825m）を越え岩苔乗越で水場に行かず正解だった。12:25水晶小屋に6番目に早く着き泊まれて良かった。野口五郎岳は花崗岩で白く光り、赤牛岳は赤く見え色と形に起因した名称と思った。水晶岳と赤牛岳を併せた写真を撮った（**写真20**）。天気良く暑かった。水0.5ℓ 100円で入れた。夕食カレー、朝弁だ。女性2人が煩く2階で暑く寝苦しかった。明日の荷物を区分して乾燥室に残す。26日荷物を1階に降ろしお握りを食べて歯を磨いた。3:20発、②水晶岳（黒岳2986m）はOKだが、暗くて第2ピーク（2978m二重山稜）にも登ってしまい、時間がかかった。今か今かで赤牛岳取っ付きまで50分が1時間40分かかった。低地に雪が残っていたが暗くて定かでなく帰りに確認できた。途中、茶ボトルを落としたが帰りに偶然回収できた。1/5量だが環境ゴミにしなくて良かった。

巨岩（2904m）横を通り、温泉沢ノ頭から赤牛岳
（2864m41位、高75）まで幾つものピーク（2818、2742、
2803m）を越えて登った。3時間20分をかなり挽回して4
時間で7:20着（暗闇と第2ピークのため）。晴天で景観は
最高だった。赤牛岳の色は鉄分の石と思ったら赤い火山岩
だった。水晶小屋に11:30戻った。帰りも3時間20分が4
時間10分で、6時間40分が8時間10分だった。種々考え
ると早い方だった。荷物を受け取り、翌日は水1ℓ600円
（最高）を買ってから出た。11:40発、急坂を下り、2時間
40分を3時間30分だった。長い道程で朝から12時間でへ
とへとで15:10に②野口五郎岳（2924m28位）の野口五郎
小屋に着いた。以前の強風雨でのずぶ濡れを思い出した。
途中雨がパラつき上カバー・雨具を着けてかなり歩いた。
小屋に入ってほっとした直後に大粒雨がザーと来た。本当
にラッキーでその後もかなり降った。今回は雨と疲れで意
気が上がらず頂上には登らず。1階4人部屋3人だった。
夕食17時で天ぷら・山芋・キャベツ・トマトで良かった。
27日4時起き5時食事3人だった。5:40雨中発、順調だった。
②三ツ岳（2845m）前方で今回は展望尾根コースにした。
西峰頂上を捜した後、ほぼ逆向きなる所があり、下りで方
向が逆のように感じて迷った。丁度、下方に2人見えたの
で声をかけ走って聞いて分かり安心した。雨は霧雨になっ
た。烏帽子小屋で聞き下った。狸岩・権田落しの大岩や松
の巨木もあった。北ア三大急坂である。手袋がないと冷た
く片方で通した。登りは20人程だが下る人には遇わず

11:40高瀬ダム着だった。コースタイム6時間（ガイド本6時間50分）を6時間だった。濁沢は凄い濁りで滝も濁っていた。大きい石が流されていた。滝は後退しているようだ。別の沢も濁り水だった。高瀬ダム堰堤12:15着、タクシー（7600円）は直ぐ乗れて信濃大町12:37発、松本発13:47（指定1号車へ移動）－新宿着。東京（バス）は17時に乗れて18:30家に帰って安堵した。

　次は、百名山達成なので特に記述する。

　2016年9月1〜3日（**雌阿寒岳－斜里岳－羅臼岳**）：1日バスつくば4:47発、羽田7:10－8:50女満別着、前夜と朝に確認し、知床道路が不通なので先に雌阿寒岳に変えた。レンタカー9:30発、雌阿寒温泉に向かい速く走れた。やがて雨となり雌阿寒温泉PAに11時過ぎに着いた。オンネトー湖は通行止だった。雨中で出発の用意をした。下りて来た人に聞くとかなり降ったそうだ。雨脚が強くなったり日が射したりもした。11:30頃に登り始めた。樹雨が降り雨具は着ていた。雲は次第に少なく天気は回復に向かった。3時間20分の雌阿寒コースが4時間30分かかった。樹林帯からしばらくしてハイマツ帯を抜け、火山地形の中を登った。霧が掛かっていたが頂上は見えるようになった。噴気口のシューの音が不気味に聞こえた。火口は絶壁で一部見えたが火山の煙は見えず。雌阿寒岳（阿寒岳1499m、名98）は13:30頃に着き、火口横の頂上に1人いて写真を撮ってもらった。頂上から火口を覗くと白い噴煙が霧と混ざって反対側に微かに見えた。阿寒富士は行かず直ぐ下る

と言うと、もう下りるのかと驚いていた。斜里に行くので急いだ。山を16時頃に下り、100km先の斜里岳に向かった。かなり高速で走れたが眠くもなった。斜里方面は通行止めで、斜里駅付近でナビは観光案内所を指定したので、斜里岳を入れ直すと山道もちゃんと案内してくれた。薄暗くなって清岳荘に着いた。車中泊としたが車に帰って考えて変えた。2050円で泊まれるので助かった。トイレ・水ありで良かった。寝袋に座布団2枚敷いて寝た。2日4:15発、暗くても徒渉（渡河）点まで行っておこうと思い、正解だった。一の沢で1人が直ぐ来て追い抜かれた。徒渉はできるだけ少なくして斜面の岩・崖にしがみ付いて越えたが、それでも10回は靴を脱いだり履いたりで時間がかかった。40分の所が3倍の2時間かかった。やがて靴のまま歩く人に抜かれた。13回徒渉したと言う。徒渉が終わった所の下二股で追い付き、夫婦（羅臼岳で遇う）が加わり4人になった。ここから新道の尾根コースを取って一番に出た。熊見峠を越え、笹が露でびっしょりでズボン雨具を履いて露払役になった。上二股から増水の谷川となり、ついに靴のまま歩いた。やがて火山急斜面で夫婦と抜き抜かれになった。馬の背で尾根筋に出た。1m程の石の祠・斜里岳神社があった。斜里岳（1547m、名99）の登頂は夫婦の間だった。頂上に出発直後に抜かれた人がいた。頂上からは霧で余り見えかった。写真を撮って直ぐ下りた。下山途中、見晴しが良かった。徒渉が速い人は来なかった。下山では急流で片足を踏ん張って水から足を抜く時、強い水圧（素

足より靴足の方が水圧大）と重いザックで倒れ掛かるも岩に摑まる危うさで難を逃れた。上り3時間20分が約6時間、下り2時間30分が約3時間で、5時間50分が何と9時間15分もかかった。13時半頃下山して清岳荘管理人（増子麗子さん）に帰った報告をして、ストックが折れた事を伝えた。余っている物はないですかと聞いたら快く出してくれた。羅臼岳に登るには買う所もないので大変助かった。帰って直ぐ沙漠の写真集を観光協会に送ったら翌年6月に受け取ったとの事、そのお礼の手紙が9月に届き記念手拭いが同封されていた。ありがたい事だ。再度のお礼状を出した。さて、14:00発、ナビにホテル地の涯を入れて走った。途中コンビニで弁当を買いガソリンも入れた。農道沿いを走ったが休む所がなく、やっとバス停で少し休んだ。知床五湖に行ったが入らず、岩尾別・木下小屋に着いて泊まった。明るい内の16時で良かった。市川の人と話し、どうして元気なのかと秘訣を聞かれた。温泉と称する湯があったがタオルもなく手足を洗ったのみだった。草ダニが腹に2匹付いていたのを引きちぎった。まだ血は吸ってなく脱衣して助かった。弁当は夜に食べた。持参したブルーベリー・トマトは最高だった。水は山水を入れたが小出しのペットボトルを車に忘れた。3日早朝起きたが寝ないように座布団に座って出発を遅らせて4:10発、登山届を書いたら丁度昨日の夫婦（地の涯泊）が来て、先に歩き熊除けの笛を鳴らしていたが、またもや後・先になった。最初は普通の道だったが極楽平付近の樹林帯では台風で傷んだ泥濘

の所でストックの先端が抜けてしまい、気付いたのが少し遅く引き返して探したがなかった。羅臼平を越えると頂上付近の溶岩ドームが険しく急で危険だった。羅臼岳（1661m、名100）の頂上は、直前に山ガール4人が下りて2人だった。偶々出逢った人に日本百名山達成記念の紙を持った写真を撮ってもらい頂上にいた2人に祝ってもらった。羅臼岳の踏破で真木の百名山も同時に達成した。踏破後、直ぐ下りる事にしたが、頂上の大岩でストックの感覚（先端が抜けて短い）が狂い、サングラスの影響で岩の割れ目に落ちそうで危なかったが何とか耐えられた。気の緩みと元のストックとの感覚差で危険だったが間一髪回避できた。無事帰らねば何の意味もないので、慎重に下山した。羅臼平に外国人のパーティがいた。7時間10分コースが9時間かかった。13:10木下小屋に戻った。下山報告をして使用不可のストックの事を話すと何とか代わりを出してくれた。全く偶然にも2日続けてであり感謝・感激である。折れたストックは回収した。14時発で知床五湖に入った。陸橋の2展望台から見たが感激は小さかった。別に地上コースがあったが止めた。第1湖を上からと遠くから見て終わりとした。カムイワッカの滝は遠くて止めた。世界遺産センターを少し見てトロロ昆布を買った。途中、観光バスの後で速く走れなかった。通行止めがありナビで失敗した。うろうろ2回して、かなり迂回して本来の道に入れた。17時前に1日早く返却したら6500円も安くなった。17:30女満別空港でLACからANAのエアドゥに無料で変えら

れて18:30－20:25羽田着。22時に帰宅して妻に百名山達成を言ったら、お祝いを言われ嬉しかった。協力・援助に心より感謝である。

　北海道最後の3山を振り返ると、異常気象の2016年は台風が北海道に連続3個上陸した。接近の前後を加えると5個連続（8月15〜31日）で、極めて珍しく大雨等で多大な被害が出た。特に最後の10号は異常な経路で東北の岩手県大船渡に史上初上陸し大陸に温帯低気圧で突入した。北海道の広範囲の連続大雨被害直後の9月1日は女満別－知床道路不通で急遽、雌阿寒岳に変更・登頂して清岳荘に移動した。2日斜里岳の一の沢川増水で徒渉13回、山道は谷川に変化、ストックが折れ苦難の連続で斜里岳に登頂した。徒渉で危険だったが何とか岩に摑まった。知床道開通で羅臼岳山麓の木下小屋に泊まった。3日羅臼岳登山では先端の抜けた杖で何とか溶岩ドームに登頂して日本百名山達成記念紙を持ち写真撮影したら達成感が湧いた。当初予定の羅臼岳－斜里岳－雌阿寒岳を逆にして、かつ1日短縮できて幸運だった。

　2016年9月16日：山の日制定で環境省に道標整備を要望し、催促して対応を依頼した。後日、大門沢小屋で遇った人の話から総務省が良かったか。

　2016年の百高山は2回目の塩見・祖父・水晶・三ツ岳に、新たに五竜・唐松・上河内・蝙蝠・烏帽子・小河内・赤牛岳の7座が加わり、75山となった。

　百名山に集中した年で5〜9月に30山に登り、9月3日

に達成した。なお、米国から帰国中の娘と<u>那須（三本槍）岳</u>に登った。単独でない山は久し振りだった。

　その他の山の戸隠山は、霧・急坂で無理かと思ったら同年配の登山者に遭遇し登攀可能と思った。雨上がりの霧・強風下の岩登りは危険で、特に鎖なしの岩場、蟻の塔渡・剣の刃渡は恐怖だった。妙義山は登頂済で危険な岩山は終了とした。富士見の金時山と石灰岩の秩父武甲山に登った。夏秋期の半年間で70山に登り、昨年に近く充実した年であった。

3. 9　百高山集中年の登山（2017年）

2017年1〜12月（同前掲所属）：

2017年6月23〜24日（<u>アサヨ峰</u>）：23日つくば11:00発、目黒・メルパルク環境研講演会に出て、新宿16:00－17:30甲府着。魚民の座敷で登山靴を脱ぎ少し高い夕食をした。市内のホテル泊で、24日バス4:35発、広河原－北沢峠7:40発、登る人に急かされペースが狂った。栗沢山（2714m）までは登山者が結構いたが初登頂の<u>アサヨ峰</u>（2799m65位、高76）は少なかった。栗沢山で急斜面のある特徴的な<u>甲斐駒ヶ岳</u>（2967m、**写真21**）を撮った。登降が多くきつかったためか、斜めの石で左足を滑らせたのに右足を痛めた。直前の右足の引攣が原因か。暫時休み、歩き出すと和らいだ。時間的に厳しく広河原への縦走は止めた。帰りの栗沢山山頂で結婚式の集合写真撮影を依頼されたが、花嫁は相当の美人で、何回かシャッターを押すのが楽しかった。

北沢峠の長衛祭でバイオリンを聴き写真展示を見た。2時間潰して16:00発が全員乗せるのに20分、広河原でも30分遅れ、甲府19:42－新宿で、22:30帰着した。27日病院、老化で弱った時の、転倒打撲の鞭打ち症か首も痛かったが、やがて薄れた。

　2017年7月6〜7日（<u>八ヶ岳</u>（<u>権現岳</u>－<u>阿弥陀岳</u>））：（車）6日つくば2:40発、高速東京経由－小渕沢で出て観音平（1570m）に6時半に着き登り始めた。押手川で編笠山（2524m）行きから別れ4時間半で青年小屋に着き、2時間で13:00に<u>八ヶ岳</u>（<u>権現岳</u>2715m88位、高77）に着いた。頂上は相当奥で人も何回か道を間違えて時間を取った。9時間20分を9時間50分で16:20観音平に下山し、直ぐ電話して美濃戸山荘に夕食と宿泊を何とか予約できた。途中、道の駅で弁当用のお握りを作ってもらった。別荘地の方にまた迷い込んで聞いて、細い悪路を走って南沢・北沢の分岐点で、以前より奥だった。夕食は天ぷらなど沢山出て、食べきれなくシチューは朝食にした。7日早朝雨は止み4:40発、行者コース、樹雨で道や岩・地面は濡れて水浸しだった。予定より少し遅れて7時行者小屋に着いた。<u>阿弥陀岳</u>頂上は凄い岩山で小屋から良く見えた。岩は風化して脆く崩れそうで斜面は急で滑り易く心配したが、何とか9時に<u>八ヶ岳</u>（<u>阿弥陀岳</u>2805m62位、高78）に登れた。登り始めて以降、快晴になりガンガン照りで暑かった。急坂で雨がパラ付いたが本降りにはならず助かった。頂上は霧が掛かり周辺の山々は見えなかったが、谷底は一部見えた。80

歳老人が登って来て感心した。2日間とも数回滑った。気が緩むとそうなる。とにかく行者小屋まで下りお握りを2個食べてほっとした。道は下りのみで、滑り易く時間がかかった。12時半過ぎに美濃戸山荘に下山した。山荘に告げたら早かったと言われた。直ぐ車を走らせたが悪路は20分かかった。高速諏訪南で入り圏央八王子よりナビが利かず、狭山PAからは単線が長距離あり初めてで、菖蒲PAを知らずきつかった。高速つくば中央を出るとガス欠の指示が出た。17時半帰宅した。

　2017年7月9〜10日（蝶ヶ岳）：（車）9日つくば8時半発、圏央道で順調だったが事故車の通行止めで外に出された。ナビを入れても同じ高速を案内し苦労した。東北道で宇都宮方面に出て岩舟から高崎回りで更埴−安曇野に出た。翌日の下見で蝶ヶ岳口に行こうとして未熟な若者の車に横を擦られた。問題は小さいとして、そのままにした。国営アルプス安曇野公園を少し見た。そば屋は長く待たされて食べ、ホテルあづみ野に泊まった。10日3時発、蝶ヶ岳口4:10発、高山植物・花が豊富で鑑賞しながら登った。途中ふらっとして尻餅を着き、丁度窪地に体が入って起きるのに手間取ったが手は擦り剥く程でもなかった。10:00蝶ヶ岳（2677m96位、高79）に着いた。晴天で頂上からは、残雪の多い北アルプスの穂高岳・槍ヶ岳・焼岳等が一望でき、感動的な初絶景で最高だった（写真22、写真23）。ヒュッテの屋根が真っ赤で雪渓白・ハイマツ緑・岩茶色が対照的だった。途中雪を食べた。麓近くの川は水量が多く

滝状の谷川であった。上り5時間、下り3時間20分の8時間20分が9時間30分で13:40の下山だった。高速安曇野－更埴を過ぎて右に出ようとして死角で見えず吃驚して直ぐ戻った。鶴ヶ島－圏央道で21時頃帰着した。

　2017年7月15〜17日（<u>鋸岳</u>）：（車）15日つくば8時発、圏央八王子で渋滞したが伊那で出て夕方仙流荘に着き下見に出た。途中幾つか廃墟小屋があり空地に迷い込んだ。丹渓荘で聞くと戸台川の河原がPAで、白岩堰堤近くまで行けた。仙流荘は素泊8200円で高かった。16日2時半発、3時半戸台より登り始め、徒渉6回（靴着脱）で時間がかかった。徒渉は2回だけでもよく、流れ沿いの徒渉は余分だったか。角兵衛沢で6人に遇い道を教わり登り始めたが直ぐ標識を見失った。そんな物かと引き返さず道に迷い北東方に林内を歩き彷徨った。その内に熊穴沢に入っていて気付かず。登る途中、雨がパラっと来たが本降りにならず。後で解ったが中ノ川乗越に上り詰め見上げたのは<u>鋸岳</u>（2685m94位、高80、第一高点）ではなく第二高点（2675m）だった。11:30中ノ川乗越から東に急登し第三高点相当の熊穴沢ノ頭（2620m）を越え三ツ頭（2589m）近くまで行ったが、余りに長いので引き返したら中年夫婦に遇い間違いが判った。茫然自失程ではないが落胆し再挑戦かと思った。もう時間がないので3人でガレ場を下った。その内に先に下るが2人が来ないので岩の上で少し寝たりして長時間かかり、熊穴沢－赤沢に降り、徒渉6回した。徒渉中に数回雨がパラ付いた。18:50にPAに着き19時に

戸台の河原を出た。コースタイム11〜12時間が徒渉・迷いで15時間半歩き、へとへとで足の左親指の爪が充血していた。最長不倒記録だった。仙流荘に戻り車中で休んだ。21時高速伊那で入り八王子ーつくば中央で＊17日4:50帰着した。苦しい94位の山だった。再挑戦する。

　2017年7月21〜25日（間ノ岳ー農鳥岳ー広河内岳）：21日TXつくば13:25発、新宿ー甲府16時半着、ホテル内藤泊。22日バス4:35ー6:00広河原、御池小屋の方に道を間違え長くかかった。小屋前のお池を見た。二俣も間違えたが聞いて移動した。北岳・二股の雪渓付近に多数の人がいた。直ぐ雪渓に取っ付いたが、見える範囲だと思ったら凄く長い急雪渓だった。多くの人が登っていた。斜面には雪渓霧が漂っていた。喘ぎ喘ぎ何度も休み登った。急坂で荷物も下ろせない状状態だったがやっと少し緩い所で下ろし水を飲んだ。長く怖くきつかった。数人に抜きつ抜かれつだった。八本歯ノコルを越え農鳥小屋の情報を得ようと14:30公営北岳山荘に立ち寄ったのが失敗だった。時間と天気が悪くなるので制止され泊まる羽目になり嘆息した。そもそも道を間違えたのが原因だった。やがて雨で雷もあったそうだ。人間万事塞翁が馬と思った。部屋の換気が悪く人熱れで暑く窓を2回開けた。23日4:30朝食、富士山が良く見え雲も高かった。貫禄のある北岳が間近に見えた。時間があり、山荘の方の居心地が良いかと思って遅らせて7時に出たら悪天候で失敗だった。間もなく急激に天気が悪くなり霧が出て雨具を着た。③中白根山（3055m）を越

え間ノ岳手前で霧の中、若者4人に付いて行き迷ったが本道に戻れた。強風雨・霧だった。③間ノ岳（3190m）で強風の中、標柱の写真を撮った。10:45農鳥小屋に5人が相次いで着き即席麺を食べ、とにかく寒々とした小屋で時間を潰し泊まった。トイレ（汚い）は外で強風の中、何回か行った。24日雨具を着け5時発、まとまって登れとの事で強風霧の中、年配のため5人の先頭を歩いた。やがて女性2人は先に行き男性3人は共に③農鳥岳（西農鳥岳3051m－農鳥岳3026m）に登った。風は少し弱まったが霧で景色はなく無人だった。頂上付近で別々になった。農鳥岳から下り始めて大門沢下降点に早く着いた。広河内岳には十分行けると思った。風霧も少し弱くなり②広河内岳（2895m）に向かうが、霧中の山を頂上と何度か勘違いするも30分で行けた。頂上に着くと、霧・ガスで自分がどの方向から来たのか迷い焦った。直後に下方が微かに見え、何と人が見えた。やがて登って来るようで3人が着くのを待って聞いた。何所から来たのかである。それで方角が分かり助かった。神の助けと思った。彼らは遥か二軒小屋まで降りるとの事で直ぐ笹山の方に下った。後を追ったが見る見る内に下り遠ざかった。南側の広河内直下近くで考えた。小屋の親爺から確かに出る時は天気が悪かったので、「笹山へは行くな」が気になり、また天気は急速に回復したが一時的な魔の晴間かと思って躊躇した。深追いで天気が悪化したら危険だと思い、大籠岳（2767m）・白河内岳・笹山方面の写真は撮れたので、これで神の意向と思い

観念した。さて、当日帰れるかと思い下降点まで急いだ。下山は急げば可能だったが、きつかったし2度もキャンセルしていたので、大門沢小屋に泊まる事にしてゆっくり時間を潰した。その後天気は安定したが農鳥小屋では天気の情報が得られなかった。せめて大籠岳まで行けば良かったと悔やまれた。小屋では持参の寝袋はマットなしで寝苦しかったが服を敷いて寝られた。25日5:00発、途中水飲みで帽子を落とし100m余り引き返して見付けた、奇跡かと思った。7時過ぎに奈良田第一発電所着（これであれば昨日帰れたか）、2時間待ってバスに乗り広河原で1時間余り待ち、広河原11:00－12:55甲府で13:11に乗り東京から16:50帰着した。山は3回目で北岳山荘に余分に泊まっただけの違いだ。立て続けに2回登頂に失敗した。再々挑戦だ。

　2017年8月2～3日（蓮華岳－針ノ木岳－スバリ岳－赤沢岳）：2日TXつくば5:06発、上野（新幹線）6:22－7:38長野、バスで扇沢10時着は快調だった。針ノ木登山口より登り始め調子よく登れた。大沢小屋を過ぎて白馬・北岳の大雪渓に匹敵する長大な雪渓に驚いた。8月にも残るスケールの大きい雪渓を知らなかった。2人の年配者に追い越された。30度近い急坂で長くきつかった。雪渓風とその蒸発霧で寒くヤッケを着ていて良かった。服とズボンには水滴が着くが体は少し汗を掻いた。最後は左側に取っ付く事を聞いていて良かった。露岩に移っても急だった。老夫婦を抜いてからも、長く嫌になる程の距離でコースタイム5時間を5時間10分で、15:10針ノ木小屋に着き泊まった。

小屋に少し荷物を置いて直ぐ出発した。15:20発、夕食は
18:00で必ず時間内に帰って来るように強く言われ急いだ。
尾根が幾つかあり次か次かと思った。コマクサを沢山見た。
最後のピークでは見える範囲でザックを下ろし、蓮華岳
（2799m65位、高81）に登った。疲れており、コースタイ
ム1時間40分が休憩・写真撮影で2時間20分の17:40着
だった。小屋に戻ったら時間を守ってくれたとお礼を言わ
れた。夕食には鯖が出て美味かった。3日4:05発、暗かっ
たが白み、東に薄光が見えた。1時間の急坂だった。針ノ
木岳（2821m54位、高82）から360度の眺望で昨日の蓮華
岳や水晶岳・赤牛岳・雲ノ平・薬師岳・立山・剱岳も良く
見え雪が多く絶景だった。雲が少し出て照ったり陰ったり
した。晴天下、スバリ岳（2752m80位、高83、写真24）
や赤沢岳（2678m95位、高84）からの立山連峰・黒部湖
は素晴らしく、黒部ダムが良く見えた。その赤沢岳と鳴沢
岳（2641m）の地下には扇沢－黒四ダムの関西電力トロ
リーバスが通っている。次の岩小屋沢岳（2630m）付近は
相当バテ、歩くのが遅くなった。山々を巡っている小屋の
女性は急ぎ追い越して行った。13時半に種池山荘に着いた。
針ノ木小屋から7時間30分が9時間25分だった。それでも
扇沢に下りられると思った。種池山荘では水1ℓ150円で
買い宿泊をキャンセルして3度目の巨木檜の下で休んだが、
早いバスに間に合いそうなので急いだ。バス通りの最後は
道と時間を知っていたため必死に歩いた。疲れていて心臓
が張り裂けそうだったが扇沢の16:30のバスにギリギリ間

に合った。12時間半良く歩いた。2日で4高山も登れて快挙だった。しかも天気が良く素晴らしかった。18:10長野駅着、美味しいそばを食べて長野（新幹線）19:03 - 20:23東京で、21:50帰着した。短縮日数での4山踏破で百高山を挽回した。

2017年8月9〜10日（<u>北岳</u>（大樺沢））：9日筑波記念病院内科で肝機能が下がった原因がメインテート錠の可能性が大で、薬中止の指示が出た。原因が判り安心と同時に高揚した。CTを撮り経過観察となった。バス並木大橋13:17発、TXつくば13:55発、新宿特急かいじで甲府に着きKKR（国家公務員共済）に泊まった。ブルーベリー・トマトを忘れたので、暑い中スーパーでトマト2ケースを買ったらカビが生えており驚き、洗ったり捨てたりした。一般のホテルはなく、KKRは2日前に申し込み、偶々空いたらしい。同時に山小屋3ヶ所を予約していた。10日早朝タクシーで甲府駅まで出て、始発4:35のバスで6:30に広河原に着き直ぐ登り始めた。やがて分岐点の見難い道標は注意していたので判った。白根御池でない大 樺 沢コース<ruby>おおかんば</ruby>に入った。高木が多く野草は少ないが順調に1時間半余り登った。8時過ぎに<u>北岳</u>中腹の大樺沢二俣（2209m）手前の段差の大きい、右横には少量の水が滝状に流れ落ちていた所（約2000m）で、高揚した気分からか、勢い良くその段差を登ったら、上に立木があり、高さ1m余りの直径10cm程のやや突き出た平たい切り枝元に額を思いきり当ててしまい、その反動で体が反転し岩の間で一回転して顔

面を凹凸の石ころに打付けてしまった。咄嗟の事でストックは右手に持っており、左手は顔面に出せなかった。先に額が地面の小石に当たり直後に眼鏡の上の取り付けサングラスと鼻を激しく打った。サングラスの細いゴムのカバーが外れていたのは後で思い出したが、運悪くその尖った金具の先端が鼻筋上部に食い込み、そこから出血すると共に鼻打撲で鼻血が出た。激しい運動状態で血圧が上がっており、かつ血液さらさらの薬のため出血が多量だった。普段はタオルを持たないが珍しく温泉タオルを持っていたのを思い出しザックから取り出した。その間ズボンやザックにたらたらと血が落ちた。通りがかった2〜3人が救急絆創膏を出してくれて貼った。幅広の物は持ってなかったので助かった。鼻血はチリ紙を丸めて塞いだ。タオルで額・鼻筋・鼻を押さえていた。澄んだ水が流れている所で通行の邪魔にならないよう2度場所を変えて座り込んだ。電話しなくても良いと言ったが1人（川会氏）が救急電話（南アルプス署）をかけた。谷に近く僅かの場所の違いで電話は切れたりしたが通じた。直ぐ民間の救護隊（有料）を送るとの事だった。20分程休んでいる内に少し落ち着いたので、歩いて下りる事にした。2人が付き添い自分のザックを持ってくれて助かった。鼻を押さえて降り、谷川を幾つか越えて下った。半分余り下りた所で救護隊2人に合流して急ぎ下った。やがて広河原山荘に着きベンチで休息した。ここで付き添ってくれた磐田市の川会氏は再度登山に戻った（遅れたが予定の山は登れた）。静岡・長泉町の門間氏

は登山を中止して帰った（よく来ており出直すとの事だった）。両人には大変申し訳なく後日謝礼した。予約中の山小屋は全てキャンセルした。救護者からは病院で必ず診察を受けるように言われたが、救急車に乗れば当然病院に行く事になる。やがて救急車の隊員2人が来て少々問答して、野呂川の吊橋を渡って広河原インフォメーションセンターに移動し観念して救急車（南アルプス市消防本部、隊員と運転手）に乗り直ぐ検査されたが状況は落ち着いており、血圧・脈拍・呼吸数等の表示が出ていた。山道のためゆっくり下った。ベッドに横になり、バスより早く1時間半で12時に山梨県中央病院（甲府市）に搬送された。タオルは半分以上血に染まっており血みどろだったか、警官に見せるまで捨てないように言われた。病院ではCT、レントゲン等を撮った。鼻軟骨骨折で重症との診断だった。傷の手当で鼻筋からの出血は止まらないので数針縫った。頭・顔面打撲なので脳波等の検査をして異常はなかったが、その後の突然の頭の異常に注意しなさいとの本人・家族宛ての文書をもらった。顔・手の血を洗い、血に染まったワイシャツを着替え退院した。なお保険証を持っており費用は2500円程で安かった。担当警官に会いしばらく問答して警察署長宛に始末書を書かされた。山道は自分の足で下りたので救護費と救急車費は請求されなかった。直ぐタクシーで甲府駅に出て新宿行きの特急に乗り、東京で直ぐ17:00のバスに乗ったが運悪く、つくば高速バスは事故渋滞で初めて成田回りとなり2倍の時間で19時過ぎに帰宅し

た。予定外に帰ると心配するので妻には連絡してなかった。やがて帰宅した妻に事情を説明し安堵した。当初予定は広河原－間ノ岳－塩見岳－鳥倉だった。翌11日は皮肉にも山の日で休日のため筑波記念病院に急患で行き15・18日に形成外科に掛かった。打撲の額骨が突出していた（1年後ほぼ元に戻った）。鼻筋が曲がっているので軟骨が固まらない内に手術するかと聞かれたが、以前からなので手術はしなかった。以降は鼻の内部の気道が狭まり、鼻が詰まり易く、時に息がし辛く、きつい時は口からの息が多くなった。傷んだ眼鏡を2万円で換えた。怪我（新聞掲載）は全治2～3週間で2週間と勝手に思った。10日間程静養して状況が治まったと思われたので山行を考え、21日にヘルメットを買い、登山保険に入って怪我から2週間目の23日に登山を計画した。この頃連続降水日数は仙台36日間1位、東京21日間2位で7～8月は全く異常天候だった。

　2017年8月23～25日（小太郎山－北岳）：23日TXつくば5:06発、新宿7:00－8:30甲府着9:05発、広河原11:30着で歩き始め、時間通り3時間で14時半横広の綺麗な白根御池小屋に着き泊まった。小屋の右前に白根お池があり、左側間近に堂々と鎮座した鳳凰三山が良く見えた。24日5:30発、草すべりコースを通り2時間半で小太郎尾根分岐に着いたが矢印が登って来た方向を指しており直ぐ判ったはずなのに、人に聞いたら丁度下りて来た、知ったか振りの若者が上の道だと言い張った（帰りに通ったが結構あり10分以上損した）。また、小太郎山のコースタイム（昭文

社）は1時間と書いてあったが山を幾つか越える距離で往路1時間40分だった。二重山陵で西稜を歩いた。先に1人いたが離された。幾つか登り下りで今か今かと思った。彼が前小太郎山（2646m）（ここがコース1時間の記載ミスだ）に登ったがまだ先に行くのが見えた。さらに40分先が小太郎山（2725m87位、高85）だった。途中彼に遇ったらまだ先だと言う。帰路は1時間30分で小太郎山分岐点に引き返した。北岳肩ノ小屋は1時間で着き、北岳山荘に電話予約し肩ノ小屋をキャンセルして喘ぎ喘ぎ登り、②北岳（3193m2位）に小屋から1時間10分で13:40着いた。霧で遠方の山々は何も見えず、南北尾根は北の方が高く南の三角点は3192mだった。38年振り2回目は印象的だった。頂上から少し下ると陽が少し出た。強風で砂埃が飛び、目が痛く閉じたり細めたりで15時に北岳山荘に着き泊まった。分岐点からずっとかなりの強風だったが、特に午後の北岳付近では強かった。富士山上空に夕日に赤く染まった北岳で形成された吊雲（羽雲）が見えカメラを取って来たら、残念な事に赤色夕日は陰ったが、写真は撮った（写真25）。強風が続いていた。夕食はカレーで特注したら待たされ碌でない食事になった。カレーで下痢した方が良かったかと思った。25日3時に起きたが強風。前夜に渡さない朝弁を4時に受取った。霧で強風だったので朝弁を食べ様子をみた。白味かけたので外に出たら雲が切れ朝焼雲も僅かに見えたので、出発できるかと思い、トイレを終え服も増やし耳当てをして尾根筋まで出たら瞬間風速35m/s以

上の暴風で吹き飛ばされそうで歩けず引き返した。天候・日数・鼻傷・心臓・肝臓等々、脳裏を過ぎった。暫時、下山を決断して係員に伝え5時半に下った。人は少なく漸く数人に遇った。八本歯ノコルは急で残雪が少しあった。北岳バットレスの絶壁を繁々と眺めた。崖沿いの道を4時間半が5時間で10時半広河原に着いた。広河原林園内を逍遥し桂の巨木を多数見た。1日待てば良かったか、今回も間ノ岳－塩見岳縦走は果たせず。バス12時発、14時甲府着14:25発－東京、高速バス16:30で18時帰着した。

　　2017年9月8〜11日（聖岳）：（車）8日つくば6:20発、圏央八王子を経由、談合坂（強雨）－松川から細道を通って13:20遠山郷・かぐら山荘（素泊6825円）着。コンビニがなく翌日の弁当は買えず小さいスーパーで代用食を買った。かぐらの湯温泉で、サービス用の背筋をほぐすマッサージ機の上下動は却ってきつく、翌日の登山に差し障るので止めた。ログハウスは暑く、夕方冷えてきたが窓が重くて閉まらず頼んで閉じた。9日4:30発、乗合タクシーは1人1万円の予約が4人で各2500円だった。易老渡5:30発、高山の森林帯には苔が多く素晴らしかった。コースタイム通り8時間で聖平小屋に13:30着だったが、人よりかなり遅れた。寝床は入口直ぐで寒かった。10日4:30朝食、5:00発、夜の雨で地面は良く濡れており霧で何も見えず、コースタイム3時間半が3時間だった。②聖岳（前聖岳3013m21位）を順調に越えた。兎岳・中盛丸山・赤石岳等の山頂は僅かに雲が掛かっていたが百間洞山の家の赤い屋根はくっ

きり見えた。兎岳の間近まで来た時、その西側絶壁をち
らっと垣間見た。出発前には<u>兎岳</u>か百間洞往復を考えてい
たが、兎岳の急峻な先鋒と思われた絶壁とキレットを見て
無意識に直感したか、急に鼻の傷や心臓が心配になり、ま
た数カ月後でも突然の頭の異常発症に注意をとの書面を思
い出し、写真だけ撮れば良いと思い、時間的に余裕はあっ
たが、さらなる急坂の登り降りは嫌気が差し深追いを止め
て、神のお告げか撤退を決断した。聖兎コル（鞍部）の手
前だった。丁度見晴らしの良い岩上で相当の時間停滞しお
握りを食べ、兎岳の頂上が再度見えるのを待つが見えず。
写真は数枚撮り対向した1人ずつ2人の登山者と話した。1
人は年配の人で半月間も山に入り聖岳で百名山達成と言っ
ていた。実は休憩した岩はラジオラリア盤石と呼ばれる放
散虫の化石（珪酸質）だが、その時は何も知らず。高山の
荘厳・静寂を満喫した後、急な聖岳を登り返した。聖岳の
直下近くで、百間洞山の家に行くと言う年配の人に遇った。
こんな時間で大丈夫かと心配した。その後急坂を上り<u>聖岳</u>
山頂でものんびりしたが、気が抜けて帽子を忘れた。聖岳
を下る途中、追い付いて来た人は<u>兎岳</u>断念地点で話した人
で偶然2回目だった。その時に初めて気付いたが頭に日除
けの手拭いを巻いていた。実はその人は帽子を小屋に忘れ
たので、聖岳頂上に忘れた自分の帽子（上に石が置いて
あったそうだ）が欲しかったようだ。被ってくれば良かっ
たとお互いに残念がった。自分は時間潰しをして下りてい
たが、再会したのは奥聖岳を往復して来たためだった。奇

遇が続き彼とは聖平小屋でも3度目で、彼は夕食時に百名山達成の記念品をもらい、祝った（昨年9月の自分の百名山達成を思い起こした）。かつ同じ73歳だった。自分は連泊なのでウナギの蒲焼きが出て食べ過ぎたが便秘が解消して良かった。夜は上空に雲はあったが月が出ており金星も見えた。11日5:00発で尾根に出たら偶然御来光に出遇った。丁度2年前と同じ光景で、綺麗ですねと一緒に見た人も1人で同じだった。一路下る時、苔が豊富で神秘的な倒木更新を再々認知した。体力気力喪失で12時予定は無理かと思ったが、驚くなかれ1時間早く9:30に易老渡に着いた。下りは快調で速く歩けた。左の足中指爪が痛かった。胡桃を拾い小屋のベンチで寝て待ち、一つ早く11時のタクシー（団体と折半5000円）に同乗して、かぐらの湯から高速飯田－圏央八王子で20時に帰った。目的が果たせなかったが、次回の偵察と考えた。

2017年9月20〜21日（**将棊頭山－木曽駒ヶ岳**）：20日TXつくば5:06発、新宿－駒ヶ根からロープウェイで千畳敷を12:30に歩き始めた。無雪で風と霧だった。八丁坂を登り乗越浄土で強風になった。宝剣山荘に着き、西駒山荘に電話がかろうじて通じ宿泊を依頼した。強風・霧の続く中、数人に聞いて駒飼ノ池を経て濃ヶ池まで下った。ほぼ埋まった池の砂地を左に歩き迷ったが引き返して右の道に戻り1時間50分を2時間20分で西駒山荘（泊）に着き、荷物を置いて出た。登る途中、分岐点を見付けていたので、暴風・霧の中、よろけながらも**将棊頭山**（2730m84位、高

86）に登れた。道は何とか判った。頂上は濃霧で何も見え
ず標柱の写真を撮り16:45に戻った。宿泊者は3人だった。
ビデオで3年前に山田敦子アナが登山したNHKテレビを
見た。夜、雨になったが一時星も見え、風向激変の突風が
吹いた（一連の気象特性を学会で発表）。21日朝、氷が
張ったと話していた。6時半頃発、昨日きつい中でも<u>将基
頭山</u>に登っていて良かった。少し風が弱まり馬ノ背を登る
事にした。強風の中で霜柱を見た。寒さに慣れてなく顔が
非常に寒くマスクを掛け、耳は毛帽子で被った。馬ノ背上
方で当日初めて女性2人に遇った。やがて③<u>木曽駒ヶ岳</u>
（2956m25位、**写真26**）に着き写真を撮ったが、中岳
（2925m）も人が多かった。帰る時に先鋒の宝剣岳や雄大
な千畳敷カールの写真（**写真10**）を撮って10:30のロープ
ウェイで下りた。駒ヶ根で1時間待ちのため、<u>聖岳</u>で忘れ
た帽子を2300円で買ったが山に不向きだった。新宿－東
京で18:15帰着した。

2017年9月24～26日（<u>樅沢岳</u>）：（車）24日つくば0:20発、
高速谷田部－首都高1:00から5:00高速松本を出て7:00新穂
高温泉着だった。無料PA満車で苦労したが、有料PAは
最後2台目（千円）で安堵し7:30出発した。左俣林道を
通って小池新道に入った。途中敷石が良く整備されていた。
先日の疲れもあり遅かったが順調に登った。最後の500m
がきつく、鏡平直前では疲れて5分の所が10分余りだった。
21日の木曽駒の氷点下の寒さと異なり今度は暑さに参っ
た。少し遅れ気味でやっと鏡平に着き、神秘的な鏡池と対

照的な槍ヶ岳（**写真27**）を撮り14:10鏡平山荘（2300m）に2食9500円で泊まった。夕食は美味かった。夜中、窓から槍ヶ岳山荘の光が輝いているのが小さく見え、風が弱く満天の星空で幻想的だった。25日5:35発、樹林帯を順調に登り双六小屋から右（東）に折れ槍ヶ岳の方に登って8:00には樅沢岳（2755m79位、高87）に着いた。頂上にはハイマツが生えていたが見晴らしは格別だった。南東～東に槍ヶ岳・大天井岳、北北東～西北西に南真砂岳・野口五郎岳・鷲羽岳・三俣蓮華岳・双六岳・黒部五郎岳の写真を撮り、撮影のため人を待ち、標柱と共に写真に写った。10:30に鏡平に帰り、鏡池と槍ヶ岳の写真に収まった。下る途中に奥穂高岳や笠ヶ岳の凹凸、麓では風穴を見ながら15時新穂高温泉に下山した。休憩して16時発で高速松本－更埴－鶴ヶ島で圏央道に入ったが、夜の菖蒲PAは大型トラックが満杯で異様だった。高速では何度も寝て、＊26日1:06帰着した。往路7時間、帰路9時間だった。翌10月の山小屋予約は雪のため閉鎖で百高山登山は終わった。

　2017年は、夏秋期の半年間で25山程に登ったが、縦走を伴う高山で、登山日数の長い難関の山が多い事と夏季の天候不順と多残雪、特に山での怪我、日程・体力・気力に苦戦し減少した。成功・失敗率は11回の内6.5勝4.5敗であり、7月15日～9月11日の最適期6回では1.5勝4.5敗で、1勝（回）は蓮華・針ノ木・スバリ・赤沢岳と目的の半分0.5勝は小太郎山だった。特に怪我の後は散々で惨めだった。百高山では2回目の北岳を加え2勝3敗、最適期の新

96

規の百高山は5勝12敗で、全期間（6～9月）では11勝12敗だった。鋸岳は頂上近いピークまで登ったので今年は12山とし、百高山は計87山となった。

　未踏峰は大沢岳（2820m、55位）・兎岳（56位）・中盛丸山（61位）・劍御前（70位）・赤岩岳（71位）・大籠岳（72位）・西岳（78位）・笹山（83位）・南真砂岳（89位）・北荒川岳（91位）・安倍荒倉岳（93位）・赤沢山（98位）・新蛇抜山（100位）の13山となったが踏破は多難である。登山はきついが、登頂した気分とその前後に自然との親和を感じ、生活・命に気力が湧く気分を味わい、豊かな人生を育む糧となっている。高山はもう1年程、頑張りたいと思った。

3. 10　百高山集中・達成年の登山（2018年）

2018年1～12月（同前掲所属）：

　2018年7月13～17日（聖岳－兎岳－中盛丸山－大沢岳－中盛丸山－兎岳－聖岳）：（車）13日つくば7:30発、圏央八王子から松川で出て14:40遠山郷観光協会・かぐら山荘着・泊。秘境・下栗の里（天空の里ビューポイント徒歩600m）で山地の集落を見て16:55戻った。14日タクシー4:20発、梨元ていしゃば－易老渡（いろうど）5:30発、西沢渡でゴンドラに乗せてもらい早く楽だった。苔の多い鬱蒼と繁った原生林を経て弁当を食べ13:00尾根の薊畑（あざみはた）分岐で13:40聖平小屋着・泊だった。梅雨明け7月の決行を念じていた今年初の登山で、足が慣れてなく筋肉・筋が痛くなった。夕食

時8人が自己紹介した。団体が来なく枠内7人が4人になり、右側が空いたのに詰めるなと言う神経質な人が夜中に病的咳をして無意識に寝床に近寄るため、部屋の対角線側に逃げ出して良かった。15日3:30起き、朝食4:30、5:00発、聖岳（前聖岳）の急坂ガレ場はきつかった。知り合った福島氏（小屋に荷物残し）は先に着き頂上近くで惜別した。③聖岳（前聖岳3013m21位）8:50着、人が多かった。数人が兎岳への急坂を下った。ラジオラリア（昨年引き返した所）で赤石岳・兎岳と百間洞山の家を撮った。急峻坂を下ると登りはきつく、前を行く若者に小屋に遅く行く伝言を頼んだ。足が痛くなっていた。兎岳（2818m56位、高88）11:30－中盛丸山（2807m61位、高89）13:00－小屋分岐点13:30は比較的順調だった。大沢岳ピストンの人に追い付かれ、大沢岳（2820m55位、高90）14:00登頂し、写真を撮り合い頂上で別れた。大沢岳からの北東への下りはきつくハイマツ・岩に摑まり、ガレ場の浮石を慎重に下りた。赤石沢源流（大井川への一支流）の水は極めて冷たかった。大沢岳までは幾分遅れ気味だったが、特に大沢岳下山に時間かかり、9時間20分コースが11時間だった。百間洞山の家15:55着・泊。夕食は豚カツ・生キャベツ・そば等で最高級だった。16日3:30起き、4:30朝食の味噌汁をお代わり、5:00発、道沿の小鳥がストックに驚き飛び立った。りんけん新道1時間は1時間5分だった。2回目の中盛丸山（6:50）からは右足が痛く、庇いながら下りた。昨日までヘルメット内に帽子を被らず首の日焼けで失敗し

た。兎岳9:00着、急坂を下ってコルに着き地質学的に貴重な赤チャート絶壁の写真を撮った。外国人が急坂で転び日本語で「危ない」の声と滑る時のガラガラ石音が聞こえた。昨年の兎岳コル近くでの中断は神のお告げかと今回も思った。兎岳避難小屋直前で弁当を食べて休み、歩き出すと避難小屋に迷い込みゴザ敷部屋を見た。帰る時に何度目かの見慣れた聖岳（写真28）とその北に鎮座した懐かしい赤石岳（写真29）を撮った。④聖岳12:30着、写真を撮り、昨年忘れた帽子を探したがなく、直下の聖平小屋の赤屋根を見て名残惜しく下った。ガレ場は滑るため足が痛いので怖かった。小聖岳の下方でエビフライとお握り2個食べた（4個の良弁当）。同じく足が痛い若者はガレ場を越えたが薊畑手前で間違え引き返して来たので同行した。方向指示盤15:50、聖平小屋16:10着で6泊目だった。左奥床でアブに右首後方を刺され大きい瘤ができた。無意識に潰したらしく襟に血が付き翌朝死骸を見た。夕食はお握りを食べた事と坂道のトイレ帰りのため食欲不振でご飯に醤油をかけ美味しくないが詰め込んだ。夕食後、薬8種を飲み目薬を差した。日記を書く時に不思議に20余人が喋らず皆早く寝た。良く寝た方で、満天の星空だった。17日朝食4:30（薬6種）、5:10発で順調に下りた。森林帯をかなり下った所で遇った人がゴンドラは大変だと言う。それで急ぎ急坂を下った。西沢渡で弁当を食べて徒渉可能か見たが不可、ゴンドラは対岸にあり手繰り寄せた。綱引きは息が切れ何度も休み、乗ってからも大変で20分位で渡った。直ぐ遇っ

た夫婦に教えた。森林公園の出しっぱなしの水道を止め11時に易老渡に下山してタクシー11:45発、かぐら山荘12:50着、2人各4990円（運賃1/2、実測賃のための端数）だった。天神橋公園でトイレ利用、三遠南信矢筈トンネルを越え飯田で高速に入り何度も休み圏央八王子から23:17帰着し安堵した。足の浮腫みと多数の虫刺跡があった。

　2018年7月22〜26日（**間ノ岳**－**安倍荒倉岳**－**新蛇抜山**－**北荒川岳**－**農鳥岳**－**広河内岳**－**大籠岳**）：22日TXつくば5:06発、新宿7:00－8:25甲府9:08－11:05広河原11:10発、14:15白根御池小屋着・泊。ゆっくり歩き3時間を3時間5分だった。夕朝食弁当9500円、左奥ダケカンバ。昼食時ブユに左耳を刺され腫れ、小屋でムヒ・メンタムを塗った。夕食の鶏肉は柔らく、生キャベツは良いが、硬い山菜が多く、オレンジは一部痛んでいた。23日5時朝食、5:35発、二俣で草スベリの方に行き、違うと感じ山ガールと引き返した。雪渓手前トイレ（100円）で金属音の硬便1個が出た。幅5mの表面乾燥の雪渓を横切り無雪の横道を通り八本歯ノコルまで登った（昨年より雪激減）。北岳方面でも間違えかけたが少しハイマツを横切り戻った。④中白根山（3055m）－④**間ノ岳**（3190m3位、**写真30**）までは数人に遇ったのみで少なく岩場の三峰岳（2999m）では1人に抜かれ三国平で1老人に追い付いたが直ぐ抜かれた。ここで何度も見ていた**仙丈ヶ岳**、**鋸岳**、**甲斐駒ヶ岳**（**写真31**）を撮った。そしてメールが送れる所で出した。15:30樹林帯の熊ノ平小屋着・泊。荷物が重く暑さとで7時間20分が

10時間かかった（下界の熊谷41.1℃新記録）。夕食弁当2食1万円、2階A下端、トイレ坂下40m、夕食トマトスープ、ヨーグルトで、ご飯は残り朝食にした。24日3:10起き、3:55発、安倍荒倉岳（2693m93位、高91）では直角に折れる道を見付けて登り、新蛇抜山（2667m100位、高92）も直角の登道をかなり登り地面上の標識写真を撮った。北荒川岳（2698m91位、高93）では堂々たる塩見岳（**写真32**）が間近に見え、三角点の写真を撮った。3度目挑戦の3頂稜を往復して熊ノ平小屋で水を汲み荷物を受け取り10:10発、急坂40分を50分で登り、三国平からトラバース（水平道）、農鳥小屋に行く途中で聞いていた大井川源流で貴重な水を汲み飲んだ。他1ヶ所に水があり驚いた。後半の道が凄く荒れて水平道どころか急下降・上昇できつく、やっと農鳥小屋への道に出たが以降もかなりの距離を歩いた。熊ノ平より4時間20分で14:30着・泊。三国平より農鳥小屋は2時間が急坂降登で3時間半かかった。農鳥小屋では農鳥親爺（深沢氏）にまず年齢を聞かれた。74歳に配慮か水は無料で翌朝も入れたが500cc程だった。笹山に行くと言う事で心配をかけ何度も親爺に言われた。笹山を下る道があると言うがルートを知らず、適時に余裕を持った往復時間を考慮して、的確に判断する事にした。小屋の女性から白河内岳まで赤リボンを付けた事を聞き期待した。トイレに数回行き十三夜月は明るかったが早朝月は沈み満天の星空になった。25日2:20起き、3:00用意して少し布団で待ち3:20発、親爺のお茶の誘いは断った。ライトを点け

て1番に出た。相当後方に2人来ていた。暗い内に④農鳥岳（西農鳥岳3051m16位－農鳥岳3026m）の西峰に着き、東峰の農鳥岳は朝日を浴びており写真を撮った。最初暗くて時間がかかり大門沢下降点に6:20着、2時間10分が3時間だ。一部荷物を下降点ケルンのビニール大袋に残し6:30発、③広河内岳（2895m35位）7:00着、大籠岳（2767m72位、高94）は約2時間で9:00着だが白河内岳かと思った。尾根筋を少し登り白河内岳（2813m）約1時間で10:00頃着。写真を撮り少し下った所で笹山（黒河内岳）の写真を撮った。前方にコルがあり雲（天候）、時間、黒河内岳より高い白河内岳を考慮して10:20に行くのを断念した。途中、東側より沸き立つ雲が良く見えた。奈良田側の湿った水蒸気が雲となり西側から尾根に吹き上げる乾燥した風に高く吹き上げられ、霧・雲が垂直に上っていた。一度竜巻状の雲も見た。雷雨が心配だ。この雲が出ると雷雨になるので引き返すよう小屋の女性から注意を受けていた。時間的に余裕が出たのでゆっくり引き返した。途中2回程リボンを見失いハイマツや岩を越えるのに苦労・心配したが時間はあるので落ち着いて越えた。霧は時々尾根を越えて巻き込み前方が見えなくなる事があった。発生確率は相当高いと思われるが、南アルプス南部域の夏の典型的な霧・雲（積雲）発生に4回目にして初めて遭遇し心臓が震える程感動した。学会で山岳気象を発表する事にした。大籠岳11:50、広河内岳13:50着で、途中雨は降らず助かった。下降点14:20着で安堵し、残していた荷物を詰め替えた。

14:30に団体19名の後に下り始めたが直ぐ抜くよう道を譲ってくれた。その時急坂を急いだので左足が痛くなり、足を庇いながら急坂を下った。下降点から2時間半が3時間かかり17:30大門沢小屋に着き泊まった。道が非常に荒れ修理してなく何回か滑ったが怪我はなく、慎重に下りた。小屋は団体（18:30着）と別室2階で、最後2人は1布団と指定されたが予定の2人が来ず丁度1人宛となり助かった。26日3:20起き、トイレでは硬便と下痢だった。足が痛いので余裕を持って4:30発、足の痛さは減少し7:40奈良田第一発電所一番着だった。介護員が来て唇色が悪いと言う。休憩で体が汗で冷え、血圧はやや高く、指挟み検査は警音が鳴り酸欠血液だった。熊本の緑さんと山・本の話をした。10人程が9:06バスに乗り広河原9:45着。待時間約1時間あったが丁度水道故障で期待のラーメンは不可。広河原11:00－12:55甲府－新宿－東京で16:30に帰宅した。

2018年7月31日～8月3日（<u>西岳</u>－<u>赤岩岳</u>－<u>赤沢山</u>）：（車）31日つくば8:41発、圏央つくば中央－鶴ヶ島－更埴－松本－158号線で16:00梓第一PA着、暑かったが車中泊。＊8月1日5:13バス発（往復1030円）、5:45上高地バスターミナル着発、多くの人に抜かれたが横尾で子供連れと山ガール1人を抜いた。森林浴、明神岳・<u>穂高岳</u>が見えた。徳沢は槍方面無標識で戸惑い、11:00槍沢ロッヂ着・泊。5時間50分を6時間15分だった。少し寝て夕食、弁当2食10800円。夕食は鳥唐揚・味噌汁2杯で美味。風呂に浸かり溜湯で無洗剤洗い、上がり湯は1杯もらえた。山では初

めてで清潔感なし。2階直近で布団5枚の3人中央で両横
の鼾で寝付かれず、朝方少し寝た。2日3:55発、ライトを
点け約30分登った。ストックのゴムが抜けたが急いでお
り帰りに捜したが無理だった。分岐点の大曲は注意して分
かり、悪天用避難路の急峻坂を順調に登った。途中ガマ・
赤ガエルを高山で見て驚いた。梯子・鎖があり慎重に越え、
痩せ尾根の水俣乗越に時間通り着き、槍ヶ岳絶景を何度も
見て8:25ヒュッテ西岳に着いた。急坂の4時間40分を10
分早く着きまだ体力あるなと思った。早朝は元気で調子が
良かった。ヒュッテで今日泊まるので荷物預かりを頼むと
荷物は全て持って行き預からないと言う。全く吃驚したが
紛らわせるため西岳、赤岩岳は何分かと聞くと15分、30
分と言う。荷物置けず<u>西岳</u>（2758m78位、高95）に登っ
た。<u>西岳</u>から<u>槍ヶ岳</u>全景（**写真33**）が前面に見え素晴ら
しい絶景で最高だった。景色と自分の写真を撮り下る途中
で山ガール2人が荷物を置き身軽に登って来たが荷物の件
は複雑だった。西岳から<u>赤岩岳</u>（2769m71位、高96）に
行くが30分ではとても無理で標識案内もなく登頂は禁止
と言っていた。西岳からの頂上方面には×印があり北側に
回ったが登り口はなく引き返した。登頂は禁止だが、後で
聞くと逆方向から来た若者は道脇に標識があったと言う。
ヒュッテ西岳に戻り小屋横の日陰で休み若者と話してキャ
ンプ場南奥の絶壁尾根2686mから道のない直近の<u>赤沢山</u>
（2670m98位、高97）を繁々と眺め写真を撮った。11:00に
予約のヒュッテ西岳に入った。廊下棚にザックを置き、寝

床に持ち込むなと言う。疲れで直ぐ横になった。昨年9月下旬の予約に10月上旬は雪で小屋は閉鎖するので、1年延期していた。ふと12時直前に目を覚ますと夢か神のお告げか、突然下る事にした。下山3時間なので急に決断して慌ただしく管理人に告げた。宿代8500円から5000円返してくれたが休憩料は高かった。急ぎ用意して落ち着かない小屋を後にし、丁度来た老夫婦と入れ替わった。慎重に急坂を下り急登した。途中、小屋で補給した殺菌剤の入った雨水浄水を飲むと異様な味がしたため、後は止めた。急坂下のコルから再び急坂を登ると次の急坂下が水俣乗越と登る2人に教わり、着いて一安心した。中1生と母親に百高山の事と歳を聞かれ話すと感心していた。時間はあると言い聞かせ慎重に大曲に降り、沢で冷水を飲み安堵した。2回滑った。槍沢を右に見て下り槍見の槍山（赤沢山の一部）を見て15:30槍沢ロッヂに着き、横尾は17時過ぎるので連泊した。3時間が3時間半だった。朝食なしで連泊千円引7500円だった。奥の部屋あざみ5壁側だった。人が増え休憩室廊下も布団敷だ。連泊組はハンバーグ。周辺の人に百高山を紹介した。風呂は入らず。翌日は早く動け余裕が出て助かった。3日2:50起き、3:35発、約1時間ライトを点けた。緩い上下道を順調に下り明神池・穂高神社（250円）に20分入り、樹木の生えた池を見て北側歩道（森林浴）を急ぎバス停に9時に着いた。4時間45分が穂高神社参拝込みで5時間25分だった。お握りを食べ9:25にバスに乗り10:00沢渡大橋に着き、早く下りた。梓第一

PA10:20発、道の駅・風穴の郷で酒貯蔵の風穴蔵（8℃）に入った。13:00高速松本で入ったが、ナビは更埴で外に案内、入り直した。後は来たコースで帰路に付き、休み休みで薄暮18:50に無事帰宅した。直ぐ荷物を片付け風呂に入り夕食をすると、便意を催しトイレに駆け込んだ。思い起こすと、前日に殺菌剤の入った相当量の雨水浄水と何時も飲む下剤が関与したか、近年にない非常に激しい下痢になったが、何とか持ち直した。山などでの浄化水は飲まない事を肝に銘じた。今回の<u>西岳</u>・<u>槍ヶ岳</u>・<u>穂高岳</u>等の景色は絶景だったが、何だか印象に残る因縁の記憶となった。

　2018年8月9～11日（<u>笹山</u>（<u>黒河内岳</u>））：（車）9日つくば10:55発、圏央八王子渋滞、甲府南で出て140・52号線で南アルプス街道（早川町）より奈良田温泉に着き、<u>笹山登山口</u>を下見した後、マイカー規制の広河原方面トンネル前の奈良田第一発電所（<u>北岳</u>・<u>農鳥岳</u>からの入下山口）へ行った。奈良田バス停までの2度の歩行と発電所での2度のバス乗車点が繋がり懐かしかった。西山ダム吊橋北300mのPAで車中泊した。バス停横のトイレを利用し、登山届を出した。＊10日2:30起き、3:20発、ライトを点け奈良田第二発電所ダム上の200m吊橋を渡り河原を徒渉して登山口から手摺沿いに森林内を登ると夜が明けた。晴天・曇で時々太陽・霧が出て雨は降らず。急坂が無限に続くような下りのない一本坂を登った。林内は霧で周辺は見えなかった。やがて1603m高点を確認すると3時間だった。暗闇と疲労を考慮してもやや遅れ気味と判断した。登り一

辺倒だが水場入口を越え何とか2256m高点に着きかなり
登ったと実感した。時間は相当かかっており先を急いだ。
胸が大変きつく休み休みだった。2560m高点は見当たらな
く、喘ぎ喘ぎで、こんなに果てしなく歩いて出て来ないと、
断念する事も考えたが、転（伝）付峠の矢印がやっと出て
写真を撮った後、いきなり笹山（黒河内岳、南峰2718m）
に着き心が躍り感激した。11:00頃急ぎ北峰に向けてカメ
ラと水を持って行ったが、笹山（黒河内岳、北峰2733m83
位、高98）の頂上付近は霧で視界がなく残念だった。下
山して調べると頂上付近にポールがあるが、確認しておら
ず後日再来した。11:30過ぎに南峰を下り始めた。急坂を
比較的ゆっくり足場を確保しながら下りたが、意外と時間
がかからず地面は濡れてなくて助かった。夕方、林内は暗
い位で激坂は嫌になるほど長距離だった。2256m付近で下
山中の若者2人と登りの若者1人に遇ったのみだった。
時々濃霧や陽が出たりしたが、終始ほとんど無風状態だっ
た。下方で周辺の山が林内から微かに見えたが写真になら
ないが、何本かの巨木檜を見た。下山直前でパラパラと雨
が降り少し風が出た。帰りにはダムへの進入川はブルドー
ザーで埋められており河原の徒渉はなかった。ついに
16:20頃奈良田温泉に着いた。途中5回程滑ったが大事な
く下山した。ほぼ下山して草花を取ったが、早くもススキ
の穂が出ていて吃驚した。ダム湖・吊橋と雲（雨雲・上昇
雲・積雲）の写真を撮った。1番に登り1番で下りたか。
感慨深く念願が叶ったが、景色が全く見えず気残りだった。

登りが遅く7時間40分、下り5時間、計12時間40分で
コースタイム9〜12時間よりも相当遅かった。18時頃発、
南アルプス街道から甲府南で高速、圏央道事故渋滞のため
東京経由で*11日1:50無事帰着して安堵した。

　2018年8月17〜20日（<u>祖父岳</u>−<u>南真砂岳</u>−<u>野口五郎岳</u>
−<u>三ツ岳</u>）：17日TXつくば5:06発、上野（新幹線）6:22
−8:26富山8:56−9:32有峰口9:50−10:45折立は早く着き
10:35発、太郎平までは5回目で、三角点1871mは順調で
早く、太郎平小屋15:30着・泊。5時間が4時間55分だった。
強い寒冷高気圧に被われ急速に雲が消えて晴れ、やや強い
風が冷たく、ヤッケを着て汗も掻く異様さだった。ハン
バーグの夕食は程ほどで、1階の窓から高山植物が見え良
かったが夜中に体が冷え着増すと寝られた。17日は4℃の
低温だった（<u>仙丈岳</u>では結氷、18日朝は1℃か、2日連続
の低温）。18日朝弁、4:00発、30分余りライトを点けた。
強度の冷え込みで木道は霜できらきら光り、滑るので慎重
に歩いた。リンドウ、チングルマ、ササの頰る綺麗な霜の
写真を撮った。8月中旬の霜は希有か、顕著な霜は標高
1900〜2300m（−3℃）で見られた。薬師沢の谷地に放射
冷却で冷気が溜まったためである。真夏の氷点下の気温と
霜発生の気象解析で和英の論文にした。薬師沢小屋には暗
さと霜で40分多くかかった。水を補給し薬師沢吊橋を渡
り急登した。木道まできつかった。雲ノ平でアルプス庭園
の緩やかな祖母岳（2560m）を20分で往復し、急な③<u>祖</u>
<u>父岳</u>（2825m53位）を越えた。朝、<u>黒部五郎岳</u>が見え、日

本海側には雲海があった。早朝から歩き疲れてきつかったが15:00水晶小屋に着き泊まった。9時間が11時間だった。小屋で高瀬ダムの濁沢橋落下とタクシーの通行止を聞き悲痛で電話すると本日復旧したとの事、安堵した。夕方、<u>黒部五郎岳</u>方面に雲が出ていた。雪は山道にはなく日陰に極僅かあった。夕食はカレーでご飯と具のみを少し食べた。外は低温風で寒いが2階は暑く窓を少し開けて室温を下げた。隣の人の咳で反対向きに寝て体を休めた。19日朝弁、3:57発、ライトを点けて急坂を下った。月は昨夜見えており満天の星空だった。4:45消灯、野口五郎小屋からの数人に遇った。6:30真砂分岐着で、2時間が2時間半で速い方だった。大きい登降の細道を慎重に歩き梯子などもある細い急坂を1時間で7:30<u>南真砂岳</u>（2713m89位、高99、**写真6**）に登り写真を撮った。湯俣温泉行きは吊橋落下で通行止の情報は受けていた。帰路に同山を同様に往復する夫婦に遇った。2700mの高山でエゾゼミ雌を拾い直ぐ放したが低温のため飛べなかった。地球温暖化で高標高まで上ったが朝の低温の影響だろう。1時間半で9:00真砂分岐に戻ると湯俣温泉通行止のロープが張られていた。急ぎ真砂岳の登り口を捜して歩くと無名柱があり、丁度来た人が上にも柱を見付け登り口が分かった。登山道はなく適宜登ったが意外と簡単に真砂岳（2862m）に登れて頂上で写真を撮った。次は<u>野口五郎岳</u>近くで登るか迷った（登ると時間的に当日の下山絶念）。歩行距離770mは小屋、600mは頂上でついに途中で登頂道に変えて③<u>野口五郎岳</u>（2924m28位）

に登った。頂上で写真を撮り烏帽子小屋に向けて下った。烏帽子小屋2時間半とあったが自分には疲労で無理な時間に感じた。お花畑コース（ミヤマリンドウ、ミヤマアキノキリンソウ等の5種程、チングルマの種毛）を歩き、直ぐ③三ツ岳（2845m47位）になるが、丁度南側に下りて来た2人に聞くと道はなく適当で4人組は反対側に戻ったと言う。途中まで登ったが道は不明で滑るので止めて登山道に戻って北に歩くと例の4人組に遇った。しばらく歩き北側近くで登りの踏み跡があり、それを頼りに登った。大岩が多くあり頂上らしき最大の巨岩に触れて写真を撮った。丁度1人来て話すと東の表銀座から頂上の3岩が見えるそうだ。三ツ岳を下り烏帽子小屋に急いだ。途中熊の大糞？を丁度通った夫婦と見て驚愕した。夕方で体力・スピードが落ちたがキャンプ場上の烏帽子小屋に15:10やっと辿り着き泊まった。南真砂岳往復込みの9時間10分が11時間10分程かかった。半日で水3ℓ飲んだ。水2ℓ400円を入れた。夕食ビーフシチュー、キャベツ、オレンジ、キュウリ、味噌汁の美食で、使い捨て食器だった。夕方日本海側からの滝雲が見え感激し写真を撮った。20日4:00発、急坂登降、4:45消灯。尾根でタクシーに電話、下り4時間と思い8時としたがしばらく歩いて8:30に変えた。余裕が出て高瀬ダム直前の巨木桂の下で休憩した。濁沢の滝は濁り勢い良く落水していた。木橋は修理され通過でき8:00丁度にトンネル抜けたらタクシーが1台来たが予約車ではなく、無線で呼んでくれて8:20降りた。車道の落石も片づいてい

た。適時の長野行バスがなく、続けて信濃大町に出た。タクシー代8100円だった。大町9:34 − 10:37松本11:08 − 13:33新宿、東京14時に乗れて15時帰着した。達成度100%だった。4日間天気は上々で快心の山行で満足した。

2018年8月29 〜 30日（<u>鋸岳</u>）：（車）29日つくば9:20発、圏央つくば中央 − 八王子 − 伊那より15:30戸台川河原PA着、白石堰堤まで下見に行く。<u>鋸岳</u>より2人が下りて来て話を聞いた。夜は車中泊で最初暑く次第に冷え寝袋を被った。良く寝た方だ。＊30日2:00起き、食事して2:47歩き出した。十八日月が明るく河原でもライトなしで歩けそうだった。意気込み過ぎたか、間違えて早く徒渉して第二堰堤に入ってしまい引き返して急坂を登り体力を消耗した。徒渉で水中の石はヌルヌルで2度滑って両靴が濡れた。さらに無駄な徒渉が数回あり戦意を失いかけた。戸台川出合6時頃でケルンを見て登り始めたが、比較的早く目印の赤リボンを見失い、かなり登って引き返し確認して、急坂を休み休み登ったが、胸・心臓がきつかった。一合目付近の角兵衛ノ大岩の写真を撮り、ガレ場の唐松を何本か越え、<u>鋸岳</u>（2685m）や仙丈岳、登って来た下方の写真を撮った。大岩下ノ岩小屋付近、約2000m高点に達した所で、登山の速度・距離を計算すると、どうも時間的に厳しく、2度の道の間違、無駄な徒渉等で消耗し体力的にもきつく疲れて、早い段階で気力が減退し闘志が湧かなくなり、体力・時間等を勘案して9:45思い切って早めに決断して、下山の余力を残してゆっくり降りた。年齢に勝てず体力の衰えを

感じた。下山道は迷わなかった。途中、植物観察をした。炎天下で暑く長い河原を歩いた。往復時、誰にも遇わなかったが奥のPAに1台止まっていた。14:10にPA着だった。鋸岳は2回目であった。看板に単独行と高度な登山技術保持者（上級者、ベテラン）以外は禁止との記述があった。年齢を考慮すると力量以上だったのだろうか。高速伊那で入り何度も駐車・休憩して八王子で圏央道に入るとラジオで圏央道・五霞－境古河の緊急通行止を聞き、狭山PAで休憩・確認して鶴ヶ島－大泉－三郷経由で23:15帰着して安堵したが、踏破できず無念だった。再々挑戦する。

　2018年9月6～7日（別山（北峰））：TXつくば5:06発、上野（新幹線）6:22－8:26富山8:56－9:45立山10:00－10:07美女平10:20－11:00室堂、11時に歩き始め、神秘的な青色のみくりが池と立山から北に続く真砂岳－別山（**写真34**）を撮り、12時雷鳥平（沢）より急坂を喘ぎ喘ぎ登り1時間50分で13:50別山乗越の剱御前小舎（泊）に着き、荷物を置いてすぐ別山に取り付いた。風が強く寒かったが30分で別山（南峰2874m）、50分で別山（北峰2880m37位）に着き迫力満点の剱岳（**写真35**）や立山・鹿島槍ヶ岳等々の絶景の写真を撮り、直近の大日岳、真砂岳等の景色を満喫した。そして日本最高所の池・硯ヶ池（2830m）やその上方にもあった小池を眺め写真に収めた。風が強くなり、高層雲がかなり出ていたが、天気は良く最高だった。残照の中をゆっくり下り16:10に小舎に戻った。夕食・泊で9000円、17時からの夕食（15人）は鶏肉・キャベツ・

トマト・オレンジで良かった。味噌汁お替わり美味しかった。ストーブがある談話室でテレビを見ると北海道胆振東部地震・震度7（家を出る直前に発生）で物凄い土砂崩れに衝撃を受けた。部屋は北西風が当たり2階寝床から隙間風が入り、寒く毛布で塞いだが無理だった。昼間の登山で低温・強風の中、防寒が良くなく血液が回らなかったか、夜に体が冷えて鈍痛が体全体に起き、狭心症の放散痛だったか、ほとんど眠れなかった。夜は少し風も弱まり星が出たが朝方には強風雨が窓に吹き付けていた。7日5時起き、劒御前、大日岳を断念して6時強風の中を出発した。丁度、下山時に尾根筋では最大瞬間風速30m/sと推測したが、後日の気象解析の結果、その通りだった。下山中に悪天候時に出て来る雷鳥を直近で見た。その後は霧と風で雨は止んでいた。7:10雷鳥平対岸でお握りを食べた。浄土川を渡る頃、暗くなる程の相当の強雨で8:30室堂に喘ぎながらほぼずぶ濡れで辿り着いた。雨具を整理して直ぐ8:40のバスに乗れた。車中で上半身を着替えた。9:30美女平着、9:40ケーブルカー7分で立山、富山行普通に間に合った。富山（新幹線）はくたか11:19－13:52東京、車中でズボン下を着替え、靴下を絞った。ズボンは濡れていたが寒くなかった。東京14時で15時には家に早く無事着いたが、達成感は半分以下だった。

　さて、重要な事で、2005年の劒岳登山で劒御前の頂上・尾根ルートは通らなかったかと、ふと宿泊中に思い当たり、念のため翌朝登っておこうかと思ったが、悪天候では無理

だったし、帰って日記を確認しようと思った。なお、7日に緊急下山をしたが、再来する11日までの7〜10日は連続降雨で、槍ヶ岳では715mm、南岳でも522mmの大雨だったため、下山の判断は正解だった。

　2018年9月11〜12日（劒御前）：TXつくば5:06発、上野（新幹線）6:22 − 8:26富山8:56 − 9:45立山10:00 − 10:07美女平10:20 − 11:10室堂で歩き始め、前回同様にみくりが池経由で12時雷鳥平より急坂を登り1時間50分で13:50別山乗越の劒御前小舎に着き泊まった。夕食・朝弁・泊で1万円だった。昔、劒御前は尾根伝いではなく横を通ったのみで、登ったは勘違い、結果的には何と4回目の捲土重来になった。荷物を置いて劒御前最高点（2792m）から劒御前（2777m70位、高100）の三角点に40分で登り写真を撮った。この登頂でついに日本百高山を踏破・達成した。既登と思っていた劒御前がフィナーレとなった。感無量であり嬉しく満悦だったが、その割には淡々としており、山では珍しく2時間かけてゆっくり小舎に16:10戻った。これが最高の贅沢であり、ほとんど味わえない満ち足りた気分であった。小舎広場で夕陽を浴びて若者と写真を撮り合い、逆光の富山平野の雲海や様々な雲の写真を撮った。夕食にほたて貝が出た。山中で珍しく美味しかったが紐が堅くて歯が痛くなった（13日歯科）。ヤッケを着て寝たら夜中に汗を掻いた。5日前とは真逆だった。12日2時起き、歯磨きと朝食をして寝直し3:40起き、用意して3:57発、満天の星空だった。富山市街の明かりが綺麗だった。途中ハ

イマツ・ガレ場で道を間違えたが引き返した。4:50かなり明るくなり5:00新室堂乗越を見付け2390m点まで下りた。5:30立山の東に太陽が出た。3度目にして7:00奥大日岳（2606m）－七福園（大岩散在の見本園）－9:00中大日岳（2500m）－9:40大日岳（2501m）（飯豊山の大日岳は2128m）を縦走した。威厳のある劔岳が何度も見られた。梯子地点や鏡岩など結構急峻な所があった。雲の下層高度は5時3000mから13時1500mまで下がった。大日平小屋に11:35着、キャンセルして13:40大日岳登山口に下山した。コースタイム9時間35分が休憩込み9時間43分で時間通りだった。称名滝展望台より4回目の称名滝を見てハンノキ滝の写真も撮った。バス称名滝15:00－15:15立山で展示室を約20分見た。富山（新幹線）かがやき17:06－19:20東京19:40発で20:45無事帰宅した。

日本百高山達成を妻と帰国中の娘に伝えた。特に妻には心配を駆けたが、やっと報われ万感の思いとなった。感謝・感無量である。

　以上で、一般者から上級者向け登山で登れる日本百高山、すなわち直近まで登ったが、高度な登山技術保持者しか登れない危険な鋸岳（後日登頂）、登山道のない赤岩山、登頂禁止の赤岩岳を除いて日本百高山を踏破した。真に感激であった。以降、百名山の最高点に登ってない2山に登る事と、完全単独踏破を目指した。

　これ以降には、日本百高・百名山の完全単独最高点踏破のための登山を記述する。

2018年9月17〜20日（飯豊山（飯豊本山）－大日岳）：
（車）17日つくば10:10発、高速桜土浦－会津坂下で出て
農山道を通り、飯豊神社参拝。16:00川入・御沢キャンプ
場（535m）着・泊。丁度雨が降り出しイヌブナ樹下に駐
車し福岡の柴田氏と登る事にしたが21時頃まで本降りの
雨で心配した。朝方まで樹雨だったが夜中には星が出てい
た。*18日3時起き、4時出発、満天の星空、漆黒・道濡
れの中、防水ズボンで登った。夜明け後、上十五里で彼と
別れた。彼とは切合小屋で、すれ違ったらしいが気付かず。
横峰（1334m）からの剣ヶ峰は岩場が長く、鎖で越えた。
三国岳（1644m）－種蒔山（1791m）－草履塚（1908m）
を越え、御秘所の岩稜は東側が切れ、鎖があった。上天気
で素晴らしかった。大日岳の斜面には少し残雪があった。
13:40飯豊本山小屋・飯豊山神社着・泊。コースタイム10
時間10分が9時間40分だった。夕食泊4000円マット100
円、16:30夕食のカレーを中華丼にしてもらった。携帯用
の寝袋は初使用だった。管理人（渡辺氏）から山形・福
島・新潟県（三国岳）にまつわる飯豊山の面白い話を聞い
た。自分の水で歯磨、右側2番目で18時には寝たが、寒く
何回も服を増やした。長袖下着を着てなくて失敗だった。
強風低温のトイレに何回も行き、夜は貧乏揺すりで寒さに
耐えた。19日3:45起き（3:30以降の起床規則）、4:30発、
暗中、広いガレ場で注意して②飯豊山（飯豊本山2105m）
に登り駒形山（2038m）を下って緩い草原（夏はお花畑）
を通って御西岳（2013m）を越えて大日岳に挑んだ。御西

小屋からの82歳高齢夫婦（前日後先で競い小屋で別れた）に抜かれたが、守り神とされる大日如来を祀る念願の飯豊山（大日岳2128m）8:40着で達成に感激した。コースタイム3時間45分を暗闇で4時間10分、頂上には4人いて写真を撮ってもらった。360度見渡せ最高の景色で、会津磐梯山・吾妻山等が遠くに見えた。先に高齢夫婦が下り御西小屋で追い越した。飯豊本山で中年2人に頼まれ写真を撮り合い、2人と飯豊本山小屋に戻り荷物を受け取り、水1ℓ400円で補給し下山した。本山辺りで大日岳に雲が出て来た。13:30飯豊切合小屋着・泊。コースタイム9時間20分が9時間で早かった。可能なら三国小屋まで下ろうと思っていたら丁度高齢夫婦が来て聞くと、避難小屋なので無連絡でも泊まれるが「食事なし」で観念した。その頃怪しい雲が低く垂れ込め降りそうなので切合小屋泊は正解だった。2食付7500円（夕食3人）、寝袋・マットを借りた。カレーが出たが牛肉丼・サンマ缶詰・玉葱味噌汁に変えてくれた。左2階右奥で昼は暖かかったが夜は冷えた。明日の天候が懸念されたが午前中は曇りと聞いた。夜には低い雲は消え下界の明かりも見えた。借りた寝袋でも寒く服を着増してトイレ複数回で貧乏揺すりして朝を待った。20日4時起き、5時まで寝袋内にいて30分早く頼んでいた朝食（2人）は生玉子・味噌汁で美味で体力回復に寄与した、避難小屋での不備な朝食だときつかったろう。5:30発、晴天で雲海が見えた。種蒔山を越え三国岳・避難小屋で同宿団体を追越した。剣ヶ峰でストックを片付けて三点支持で

安全地点に下りた。峰秀水で団体に抜かれたが抜き返し別の1人も横峰付近で追越した。下山中、曇天になったが雨は降らず、11:00御沢着。高齢夫婦に宿泊場所は2日共違うのに奇遇にも5度以上遇った。切合小屋で別れる時に翌朝早く出て追付いてと言われたが、距離があるのでそんな事はあり得ないと思っていた。最後に追付き驚いた。迎えの車で別れた。一方、福岡の彼は日帰りして次の百名山に行くとのメモをワイパーに挟んでいた。今回は5時間40分コースが10分早い程度だったが、コースタイムはかなり緩いように感じていた。それは30kgの荷物を背負った昔の人の行動時間であるそうだ。前回（2016年7月）登山では相当の時間的余裕があったが、全般に休憩込みで時間通りなので別の意味で体力の衰えを感じた。11:30御沢発、有名な喜多方ラーメンを食べ13時頃に高速会津若松で入った。雨は14時頃に降り始め15時頃三春付近で本降りになり、休み休みで18:45帰着した。

　2018年10月8〜9日（<u>阿蘇山</u>（<u>高岳</u>））：8日バスつくば4:47－6:10羽田6:50－8:35阿蘇くまもと8:56－10:00阿蘇10:30－11:05阿蘇西着。バスを降りて登山口を聞くと火山ガスで通行止だと言う。PA内で別の係員に聞いて良かった。登山は可能だが案内が悪く遥々来たのに絶望かと思った。さらに車道のゲート係員の不明確返答で15分戸惑い11:20発、阿蘇西を出て砂千里ヶ浜の砂漠地から登り始め、中岳の火山弾の急斜面を登りきって、やや上下のある尾根筋を北に歩き、少し横道にある中岳（1506m）に1時間30

分で登り、雄大な殺伐とした火山を眺め写真に収めた。火口からは白い煙が頻りに出ていた。中岳から35分で阿蘇最高点の阿蘇山（高岳1592m）に登り、単独で踏破した事で満足し、頂上からの火山の絶景を鑑賞した。写真を撮り、さらに往復40分で火山壁上を伝い天狗の舞台下を通って高岳東峰（1580m）に登ったが、急ぎ戻る時に天狗の舞台（1564m）の上に出て引き返した。登る時はかなり多く下る人に遇ったが2人に抜きつ抜かれつであった。その後の帰りは1人に遇ったのみであるが、下る約10人団体を2組抜いた。中岳から帰り、遥か彼方の西駅に出るべく急いだ。多分風向が変わり火口展望台に登れるようだったが登らず歩道を急ぎ下った。間に合わないと思ったら建物が見え5分前に着いたので2階を見物し、後方の阿蘇神社を見てバスに乗った。全コースタイム4時間15分が10分越え程度で、絶えず急ぎ歩いたので時間的には早かった。バス15:50－16:20阿蘇駅着、大分行きバス16:50発が25分遅れ、要町は19:13が19:30頃着だった。駅前のオリックスレンタカーに行き、費用が2000円高くなるが約6600円で1日借りた。ホテルエリアンワン大分は一方通行で大回りした。9日4:15発、高速大分－別府－宇佐で出て、暗い中を宇佐神社に行き、鳥居横に車を止めてかなり歩き本殿手前でお参りした。国東半島を北回りで伊美港に着き、7:30フェリーに片道2470円で乗り姫島に約20分で着いた。直ぐ東回りで矢筈岳南部の海食崖・鷹の巣から姫島灯台、金溶岩・拍子水、かねつけ石、逆柳や長距離移動中継地のフジ

バカマの花に来たアサギマダラ蝶を見て、浮洲（満潮）を眺め、城山火山の観音崎火口跡、斗尺岩、乳白色の黒曜石（国の天然記念物）、千人堂を見て、達磨山火口を利用した車えび養殖池を見た。おおいた姫島ジオパークへ行き、ビデオを見てジオパーク（7火山、4島合体）の知識を得た。担当者と魚付林（魚を引き寄せる海岸林）の話をして、大海のコンボリュウ―トラミナを見て11:35のフェリーに乗り伊美港12時着。しばし休むが適当な観光地がないので大分空港に14時に行き早く車を返した。予定19:15を2便早く14:40－16:10羽田、東京17時で18:20帰着した。

　2018年には20回目の筑波山登山をした。飯豊山は本山に登ったが最高点の大日岳は登ってなく、阿蘇山は2回登ったが最高点の高岳には登ってなかった。この大日岳・高岳でめでたく日本百名山を完全踏破した事になった。喜ばしい限りである。

　2018年は2・3年前の70・80山にはとても及ばないが昨年の25山より多く、45山に登った。なお、2018年の天候は概して不順だったが、登山回数が少なかったため、天候の良い時期を選んで登山した事で激しい気象現象には遭わなかった。とは言え下山時の強風・雨・霧と高地・盆地での真夏の低温・霜は特徴的な体験だった。

　3.11　百高山・百名山完全単独踏破年の登山（2019年）
2019年1～12月（同前掲所属）：
2019年6月24～25日（奥（日光）白根山）：（車）つく

ば13:20発、宇都宮－奥日光－金精峠トンネル越えで日光
白根山ロープウェイ18:00着（今回は単独行、前回は菅沼
新道利用）、車中泊。*25日8:00山麓駅発、天空の足場展
望台で見事な山型三山の山頂を眺めると共に懐かしい日本
百名山10座の眺望を満喫した。ルートは山頂駅－大日如
来－七色平南分岐－白根権現（南峰）－奥白根山（日光白
根山2578m）－弥陀ヶ池－座禅山（2317m）－七色平北分
岐－六地蔵－山頂駅。薄紫花のシラネアオイがきれいに沢
山咲いていた。二荒山神社に参拝し、8:30より本格的に登
り始めた。コースタイム通りで登り、大日如来を過ぎると
急坂になった。やがて森林限界を越えると冷風が強くなり、
汗を掻いた後は寒く感じたのでヤッケを着て帽子も変えた。
11:00に東日本一の2回目②奥白根山（2578m）山頂に順調
に着き、写真を撮り弁当を食べた。頂上より北方に下った
が、方向が変わり迷った。その時に、ノースリーブの筋肉
隆々の写真家と同じ目的地だった、道は逆方向だとの事で、
彼に付いて行った。急ぎ追い付いた時に浮き石を踏み、そ
の石が落ちそうになり、咄嗟に両足で押さえ、両手で持ち
上げて少し高い所に置いた。持てるぎりぎりの重さだった。
さらに下る時、石礫のザレ場で何度かズル滑りをした。
へっぴり腰のためだろう。弥陀ヶ池で休憩し、植生や水位
の観察をした。コースタイム4時間40分が6時間だった。
14:20に下山して少々休み、120号線（奥日光）経由で下っ
た。高速日光から宇都宮で東北道に入ってしまい一般道に
出て、迷いながらも21:20に帰着した。

2019年7月25日（**那須岳（三本槍岳）**）：（車）25日2:40
つくば発、5:40着（那須岳・峠の茶屋PA、今回は単独行）、
昨夜はかなりの雨が降ったようだ。ロープウェイは運行前
で6:00に登山届を出して出発。峠の茶屋PAから6:40に峰
ノ茶屋跡避難小屋の尾根筋に出た。雨の後で道に清水が溢
れていた。剣ヶ峰では上方に穴が空いた岩を見たが登らな
かった。朝日岳には登らず一路三本槍岳を目指した。急坂
を越えると1900m峰－清水平付近から三本槍岳がよく見
えた。やがて尖った山が後方に見え、以前登った時の事を
思い出した。尖った山は旭岳（赤崩山1835m）でかなり近
くに見えた。北温泉分岐を越え、8:40に那須岳（三本槍岳
1917m）にその日一番に着いた。9:00に弁当食べた直後に
3人が登って来た。三本槍岳の地名の由来（ウィキペディ
ア）は、昔、この山頂の領地がはっきりしないため、会
津・那須・羽黒藩の3藩が領地を確認するため定期的に集
まって槍を立てた故事によるそうだ。帰りは北温泉分岐を
過ぎ朝日岳（1896m）に登り写真を撮った。途中、霧が出
て、自分がどの方向から来たのか見失う程だった。下山の
坂は結構急だった。若い夫婦と抜きつ抜かれつになったが
最後には先に着いた。峰ノ茶屋跡を越えて茶臼岳
（1915m）に向かい、火口を一周して那須山頂駅に下りた。
途中5分程寝たら元気になった。12:40ロープウェイに乗
り12:50山麓駅に着いて峠の茶屋PAまで800mを登り返し
13:10に着いた。全区間ではコースタイムより幾分早かっ
た。昼食休憩で中年女性と山の本出版を話すと買うと言う。

少し休んで14:00に出た。展望台では積雲が沢山ある山の眺望を楽しんだ。宇都宮経由の帰路は順調で18:30無事帰着した。

　2019年8月3〜5日（**鋸岳**）：（車）3日10:00つくば発、八王子渋滞、伊那市夏祭りで混雑、17:00戸台川河原PA着。夕方は雲がかなり上層にあり北から流れていた。川の偵察、車中泊。夜中は満天の星空だった。＊4日1時半頃車が1台来て用意して出て行った。2時頃1台（若い夫婦、小口氏）が来たので、同行しようと話しかけると、押しつけのようになったか、準備しながらしばらく考えたか、OKとなり2時半頃出発した。2回来ていたので、最初の堰堤では道を教える事になった。戸台川出合まで2時間半をコース時間通り5時に着き、2回目の徒渉をした。山側の登山口で雨のためテント泊をしていた、自分と同じ3度目挑戦の中年女性（彼女）とで4人になった。角兵衛沢を登り始めと急坂はきつく、2回休憩したが若夫婦は速くて付いて行けなく、先に行くように頼んだ。やがて角兵衛ノ大岩を越えた頃からか、彼女が先に進み、なかなか追いつけなくなった。昨年の断念地点を1人で越えた。追いついたのは彼女が大岩下ノ岩小屋跡に行ったためである。その後追い越したが大変きつく、最後に追い越された所（角兵衛のコル）で夫婦に遇った。彼女はJR特急券を持っており17時までに下りると言い、急ぎ頂上に向かった（時間がなく早く出発すれば良かったろうに）。自分も急ぎ最後の急坂を登りかけたら、奥さんが駆け付けて来て急坂下（角兵衛のコ

ル）で待っていると言う。急ぎ下山する彼女には同行でき
ないが、時間がかかり、暗くなるので年齢を考慮してであ
ろう。申し訳なかったが言われる通りになった。頂上直下
でザックを置くと彼女とすれ違った。急坂で心臓が張り裂
けそうだったが、<u>鋸岳</u>（第一高点2685m）には11:30に着
いた。頂上に2人いたがすぐ後から来た人に写真を撮って
もらい、気忙しく頂上絶壁からの写真（<u>北岳</u>など）を数枚
撮り急ぎ下った。待ってもらって気の毒だが、余りの空腹
のため少し弁当を食べた。角兵衛沢の頭から下りて来た別
の2人を見た所で夫婦に会い、急ぎ急坂を下るが、土砂・
土石流を起こすザレ場（安息角ぎりぎり）の状態で、山を
崩して申し訳ないが、20回程、尻で土砂と共に滑って下
りた。最初はザレ場の中央から左・右などと移動して、最
後には左側から森林内に入った。かなり下った所はコケが
密生した樹林帯で立木に捕まりながら下った。相当下った
所で、偵察に行くとの事で、待っていると先は絶壁・崖で
進めないと言う、困った。右に寄り過ぎたようだ。やがて
スマホで方向を確認、左の方の谷の先だと言う、見事正解
であった。急な水無小谷を渡って、正規の道に入り戸台川
出合に下り安堵した。出発時に水を3ℓ持っていたがほぼ
飲んでしまった。さらに時間がかかっていたら困ったであ
ろう。ほぼ下った所で膝が痛くなったが、なんと丁度ポカ
リスエットを出してくれた。一度は辞退したがありがたく
いただき、塩分不足補給で元気になった。帰りの戸台川徒
渉も2回だった。戸台川河原PAに18:05に着いた。大変あ

りがたかった。お礼を言って山の本を送るべく住所を聞き別れた。彼女は1時間早く下りられたであろうか。2人共3度目にして登頂の目的を果たした。感謝感激である。

　登山中、早い時間帯には下層に雲海らしき雲があり、やがて上昇して越えて行き、上層に雲が掛かるようになった。登山中には仙丈ヶ岳が良く見えていた。丁度登頂した頃に尖った北岳が見えたが短時間であった。コースタイム上り7時間20分、下り5時間30分で約13時間だが15時間半かかった。これは予測の範囲内であった。花は高層でタカネビランジ、白のトウヤクリンドウ、下層でピンクのヤマトラノオ等を見た。伊那市では偶然8月3〜4日は夏祭りで天竜・三峰川合流地点での花火を車中から見た。急いで帰りたい気持ちとやり遂げた感じとが重なる一方、伊那・鋸岳にはもう来る事はないと思った。高速伊那で入り釈迦堂PAで車中泊した。*5日高速八王子JCTで太陽が東で標識が見えず逆方向に間違えた。高尾山ICで出て、圏央道に入り直し、つくば中央で出て8時過ぎに帰着した。達成感があった。

　2019年8月9〜10日（富士山）：（車）9日つくば9:40発、圏央道八王子で大渋滞、4時間かかった。大月からは空いていた。中央道河口湖IC−富士スバルライン入口で身障者手帳を見せて入り、15:30富士スバルライン吉田口五合目PA着（標高2300m）。小雨でもすごい人混みの中を登山口の下見をした。登山届を出し、小御嶽神社にお参りして、富士山の写真を撮り、しばらくして車中泊した。夜中

にも人がかなりいた。*10日2:40PA発、登山者は少なかった。泉ヶ滝を見て、六合目富士山安全指導センター（2390m）で協力金千円を払った。そこから60分で岩が露出した道を越えて花小屋7合目（2770m）に到達した。地面の方は火山岩・礫で単純であるが、東下方の山中湖は日の出前の景色が素晴らしく、日の出後は朝日に輝き、眼下に良く見えていた。次は100分で太子館8合目（3100m）を越え、赤・黒・黄・褐色などの火山礫の坂道、溶岩が露出した岩の坂道などを苦労して登った。続く90分で本八合目（3400m）－8.5合目（3450m）を越えた。とにかく喘ぎ喘ぎ登った。さらに70分で9合目の鳥居を潜って、最後の頑張りで尾根の久須志神社（奥院）（3700m）まで登り切った。内心大変嬉しかった。そこは土産屋が4軒、所狭しと軒を並べていた。その後思わず小ピークの成就岳に登ってしまい、きつかった。富士山ピークと火口（写真36）を撮って、お鉢巡りの道に引き返した。火口内壁に雪がかなりあった。息が切れるよりも心臓がきつく、高山病になるかと心配した。お鉢（火口）巡りは休み休みで、伊豆・朝日岳の横を通り、御殿場口頂上を越えて、駒ヶ岳と浅間岳の間を抜けると富士宮口頂上（富士浅間大社奥宮）であった。さらに三島岳の北を通り、急峻な剣ヶ峰には、左側の杭に捕まり滑るザレ場を登った。最後は石段であった。10:40についに56年振り2回目の最高峰②富士山（剣ヶ峰、3776m）に着いた。富士山頂の高い標柱は20人程の写真待ちで10分位待ったが両手を挙げた写真も撮っても

らって良かった、満足した。頂上付近は電波通信などの施設が多く重装備だったが、富士山特別地域気象観測所（剣ヶ峰の南西側3775m）は確認できなかった。もちろん富士山レーダーはなかった。火口周辺や小火口内から何度も写真を撮った。出発時はヤッケを着て途中暑くて脱ぎ頂上近くで着たが、頂上は風が弱く暑くまた脱いだ。火口を一周して、須走・吉田口を越えて吉田・須走ルート下山道を下った。滑りそうなザレ場は滑らないようにゆっくり下りた。しかし人が歩くと砂埃が激しく、また自然風でも起こり、マスクをしていて良かった。ザレ場での登山者の砂崩量は膨大だろうと推測したが、ブルドーザーが対応しているのだろうか。途中須走ルートと分かれジグザグ道を下って、やっと16:30五合目に下山した。コースタイム10時間5分が13時間50分だった。さて、五合目のトイレを利用しようとしたら故障だった。そのため、急ぎ用意して離れ、スバルラインの御庭入口PAのトイレに移動した。下りの観光バスの台数が多かった。高速PAで少し長く休んだ後、食事をしようとしたら好みの物がなく、次々のPAでは深夜で閉まり、結局お握りを買って食べた。圏央道の最後の50km余りはPAがないため眠くなり、歌って眠気に堪え23:30に帰着した。

　2019年8月17 ～ 19日（**笹山**（**黒河内岳**））：（車）17日9:40つくば発、圏央道つくば中央 － 八王子 － 甲府南で出て早川 － 奈良田温泉16:30着。富士川、早川は濁っていた。西山ダム方面を下見した。白旗史朗山岳写真記念館に行っ

たが時間外。奈良田温泉ＰＡで車中泊。＊18日西山ダムに移動、2:40塩見橋吊橋を渡って取り付き、欄のある杉林の坂からダム関係施設、送水管横を通って順調に登った。4時半に薄く白けてきて5時には見えるようになった。森林内で特に目立った物はなく、僅かに標識として1603ｍ水場入口と標識1932ｍ、2256ｍ、2560ｍがあるそうだが2256ｍしか気付かなかった。その次に小さい窪地があった以外はほとんど急坂で、時には木を摑みながら登った。10:30②笹山（黒河内岳、南峰2718ｍ）着。下りて来た人に写真を撮ってもらった。次に笹山（黒河内岳、北峰2733ｍ）に登るが一度下った所がテント場で、樹木が茂り分かりにくい。再び登り出すとやがてガレ場が見え標柱が見えた。右側の岩場の頂上からは今回も霧で何も見えなかった。広河内岳・白河内岳等を見るべくわざわざ2回来たが、霧のため今度も叶わなかった。コースタイム上り7時間半を7時間50分だった。その内に下って来た女性が微かに見えた。北岳山荘を1:30に出て何と10:45には笹山北峰に着いている。すごい健脚の女性である。さすがに写真撮りは少し待って10:50に写真を撮り合い、先に下って行った。こちらはわざわざ2回来たので名残惜しく少し上方を歩いて11:00頃に南峰に戻り、伝付峠で写真を撮り、森林帯を下った。時に木の枝を摑みながら下りた。途中、4回目登山の中年男性、下ってきた若い夫婦、大門沢から笹山に下ってきた人は高齢の単独行に感心していた。その他数人に出遇ったり抜かれたりしたが、10人程度で少な

かった。1603水場入口で間違えて赤いリボンがある水場の方に下ってしまい失敗。水は汲まず引き返した。元に戻って休憩しながら弁当を食べ、歩き始めると滑った。木株を逆に置いたような尖った樹木株で運悪く左脇に接触、ワイシャツが破れ腕の内側の擦り傷と内出血だった。もし背・腹の方なら大変だった、ヒヤッとした。とにかく急坂できつく足が疲れて、歩き初めで慣れてなかったためだろう。道間違いで30分損をし、さらに気分的にもきつく時間がかかったが、ついに下山した。最後の吊橋の中央付近で雨が降り出し、車に着くまでにかなり濡れたが雨具は出さなかった。何とか雨は逃れられ16:40着だった。下りコースタイム4時間50分が6時間10分で、往復12時間20分が全行程なので14時間だったが、まずまずであろう。その後雨は一時止んだが、トンネルを越えると大雨になった。谷川はすでに濁流となっており雨中で写真を撮った。コンビニに寄り冷やしソーメンを食べた。格別おいしかった。高速甲府南で入り何度も休みながら、*19日1時にやっと家に着き、ほっとした（日本百高山完全単独踏破）。

　2019年10月24〜27日（**剣山**）：24日つくばバス4:47発、羽田7:00−徳島8:00、レンタカー9:05発、高速徳島−美馬で出て国道438号線の葛折りの山道で見ノ越11時頃着、屋根付PAから剣山観光登山リフトに行くと目の前で動かしてくれた。雨で手が冷たくヤッケの中に入れていた。約15分かかった。リフトを降りて雨宿りしながら登山口を聞いた。鳥居側50分、直登40分だそうだ。11:25リフトの

東側（衣掛けの松）の道を登り、頂上近くでは笹原の板張り木道を伝ってよろけながら登り、飛ばされないように注意して急いだ。35分で12:00に②剣山（1955m）に着いたが、途中凄い風雨で風速15m/s以上（瞬間風速25m/s程度）の強風が南東から吹いていた。しめ縄が巻かれた山頂三角点の写真を雨中で急ぎ撮ったが、とても自撮りができる状況ではなかった。九州南岸の1008hPaの低気圧の影響で、アメダス剣山（観測中止）の代わりに海岸平地の日和佐は日最大風速・最大瞬間風速、風向は13.1m/s東南東、19.3m/s東、雨量81.5mmであった。現地の悪天候は予測されたが、計画は変えられなかった。13:40リフトに乗ったが対面にリフトで登る人を見た。登山時間は急いで2時間15分だった。リフトでも濡れて体が冷え震えてきた。下りてから着替えて雨具を片づけるのに1時間かかった。見ノ越14:50発、438号線を東側にトンネルを抜けると、濃霧でかつ猛烈な風で断念・引き返して朝来た道路を北方に下った。ズボンは二重にして暖房をかけて乾かした。途中つるぎ町でエノキの巨木を見た。高速美馬－徳島から市内は酷い渋滞だったが、何とか時間内にレンタカーを返せた。エクセルPAQに泊った。25日5:41特急徳島発－9:09西条着、親戚訪問・墓参・会食等をした。西条セントラルホテルに連泊した。26日ベルフォーレ西条での西条高校同窓会・総会講演会で「75歳・心臓身障者の日本百名山・日本百高山単独行」の講演をした。最初は人工降雨の動画とNHKニュース茨城（いば6）の山の本紹介映像（10分）、

続いて本題の山・登山の講演を行った。一昨日、剣山登頂
で百名山単独行完遂と告げて核心に入った。単独登山の計
画から実行までの苦労話・達成感、名山・高山が百に近づ
く喜び、病気・怪我等々であった。会食・飲み会の前で
あったが、研究教育者の一風変わったあっけにとられる講
演であったか、珍しく興味を引くトピックとなり、ご静聴
してくれた。感謝である。質問も出て盛会裡に終了した。
226名出席の盛況であった。同級生もいて会食・歓談は素
晴らしく楽しかった。27日西条 - 松山 - 羽田 - つくばで
12:30帰着した（日本百名山完全単独踏破）。

　2019年は単独の山行で、10山程に登った。

　さて、2019年10月〜2021年4月はコロナ禍、妻の病気、
指の化膿手術等で2年半は登山しなかった。

3.12　百高山・百名山単独踏破後の登山（2020〜2022年）

2020年1月〜2022年12月（同前掲所属）：

　2020年は完全に山行なしである。筑波山には、2021年4
月4日にカタクリと11月18日に紅葉を見に行った。12月
26日に袋田の滝と雪の八溝山（1022m）に登り、27日に
袋田の滝と男体山（654m）を見た。従って2021年は3山
であった。

　2021年9月27 〜 28日（木曽駒ヶ岳（千畳敷））：（車、
妻）27日5:00発、つくば中央 - 八王子 - 諏訪南で出て、入
笠高原（マイカー規制：富士見町役場で許可）に10時頃
着、大阿原湿原を散策、モウセンゴケを見た。花畑に移

動・駐車し、登山開始、岩坂コースはきつかった。入笠山
（1955m）に12時着、晴天で風があり冷たく感じた。雄大
な八ヶ岳が正面に見え、久し振りに山の景色を鑑賞し写真
に収めた。弁当を食べて下山し入笠湿原へ移動した。高層
湿原植物は多かったが、すでに霜が下りたため花は少ない
がヤマハハコ、エゾリンドウ、ウメバチソウ、マツムシソ
ウ、ノコギリソウ、ゴマナ、ホソバノトリカブト等を見た。
14時に下山開始、サルオガセが見事に垂れ下がった森林、
ヤマブドウの紅葉、神戸八幡の欅巨樹を見た。高速諏訪南
－駒ヶ根4時、ホテルルートイン着・泊。28日6時発、ホ
テルの前に駒ヶ岳が見事に見えた。車で菅の台バスセン
ターからバスでしらび平に行き、駒ヶ岳ロープウェイで木
曽駒ヶ岳の千畳敷に着いた。天気良く紅葉の千畳敷カール
は目が覚めるようで、写真を撮った。月の見える宝剣岳は
印象的で、東に富士山も見えた。秋山の景色を満喫し、
駒ヶ岳神社から八丁坂分岐を経て剣ヶ池に下るコースを一
周し、何度も山と植物の写真を撮った。剣ヶ池の底には白
い花崗岩の砂が目立った。ナナカマドの紅葉はきれいで大
岩上で心行くまで鑑賞し、自然監視員と今年の紅・黄葉の
色が薄い事や山の話をした。コバイケイソウの種を付けた
茶色の草姿が林立する一方、シラタマノキの赤い実が印象
的だった。ヤマハハコなど、咲いた高山植物は少なかった
が紅葉とハイマツの色合いが素晴らしかった。次第に霧が
懸かり、千畳敷駅に着く頃にはすっかりガスっていた。信
州大の気象観測装置を見た。南ア連山の名盤は霧で山座同

定に役立たなかった。ストック2本を車の側に置き忘れた。高速駒ヶ根－つくば中央で18:30に帰着した。

　2021年の山行は5回で6山（<u>筑波山</u>3回、<u>入笠山</u>－<u>千畳敷、八溝山</u>）に登った。

　2022年7月18〜20日（<u>唐松岳</u>（八方尾根）－<u>白馬岳・小蓮華山</u>（栂池自然公園））：（車、妻）18日4:05発、つくば中央－鶴ヶ島－藤岡－更埴－長野で出て白馬10:20着。八方ゴンドラ・アルペンスワッド・グラートクワッドリフト（3回）に乗り継ぎ下りてから、第1ケルン（1820m）－第2ケルン（2005m）－第3ケルン（2080m）－八方池（白馬岳中腹）と、<u>唐松岳</u>中腹の八方尾根の景色・高山植物を眺めながらで登りは大変きつかった。雲があったが晴天で絶景が楽しめた。13時に八方池に着き、全景の写真を撮ってから池に下った。唐松沢氷河と<u>白馬・杓子・白馬鑓ヶ岳</u>三山間の雪渓が微かに見えた。残念ながら池には雲は映るが、白馬三山は映らずだが湖岸にいた妻の姿は映っていた。しばらく晴れるのを待つが晴れず。池の手前には一部雪渓が残っており、雪渓上を歩いた。高山植物が時期を置いて咲いていた。高山植物キンコウカ、ハクサンタイゲキ、ミヤマアズマギク、ヤナギラン、クガイソウ、ニッコウキスゲ、コバイケイソウ、キバナノカワラマツバ、イブキジャコウソウ、チングルマ、シモツケソウ、カライトソウ、タカネウツボグサ、イワカガミ、クルマユリ、ホソバツメクサ、ミヤマトウキ、ハクサンシャジン、ハッポウウスユキソウ、ハッポウワレモコウを鑑賞し15時に下山

した。白馬八方温泉の白馬ホテル花乃郷に着・泊。散歩で細野諏訪神社に行くと、実は2016年に五竜岳・唐松岳からの帰路に偶然にも杉巨木の写真を撮った事を思い出した。幹周10.8m、樹高41mで見事な成長旺盛な杉である。帰って夕食をして適温のすべすべした温泉に入り寝た。今回は八方尾根－栂池自然公園－戸隠神社－野尻湖であった。19日6:10発、雨中、栂池高原駅（839m）着、栂池ゴンドラリフトから乗り換えて、栂池ロープウェイで8時半に白馬岳・小蓮華山中腹の栂池自然公園駅（1829m）着。20mm/hの雨中を栂池ビジターセンターから入り、園内見学。ニッコウキスゲ、キヌガサソウ、ワタスゲ、サンカヨウ、エンレイソウ、サラシナショウマ、ウメバチソウ、オニシモツケ、マイズルソウ、ヤグルマソウ、コバイケイソウ、ゴゼンタチバナ、チングルマ、ミズバショウなどを見て風穴まで行くと直径5cm、長さ50cmの氷柱（つらら）が残り写真を撮った。雨が強いため早々と引き揚げ、11時に下山した。ズボンなど濡れたので暖房をつけて車中で少し寝て出発し、白馬経由で14時に戸隠の民宿とがくし屋に着き泊まった。すぐに宝光社に行き杉巨木の石段参道を登った。火之御子社に山道を歩くが遠い事が分かり車で移動し道路添いのPAに止めてお参りした。次に戸隠神社中社に行きお参りして正三角形の三本杉（上の木は三頭木）を見て写真を撮った。秘境の鏡池に行くと池と緑がきれいだったが、戸隠山には雲が掛かっていた。最後は奥社参道入口から随神門を通った。戸隠古道の樹齢400年の参道杉並木は圧巻

だった。長時間歩き最後の石段はきつかった。戸隠山登山口（2016年登頂）を横目にやっと九頭龍社に着き、すぐ右の奥社にお参りして下り17:25民宿に戻った。夕食は量が多く食べ切れなかった。7月20日、朝食後5時半発、戸隠神社前を通って鏡池に再度行くと2人のみの静寂で神秘的に感じた。戸隠山の東側は雲がなく、急峻な山膚が印象的だった。次に森林植物園に行くが入らず、信濃町方面に下ると野尻湖が近くにあり行った。湖畔を歩きナウマン象の発見地、博物館、琵琶島、水草ヒルムシロの写真を撮った。高速信濃町－更埴－鶴ヶ島－つくば中央で14:10帰着し、ほっとした。

　2022年9月14〜15日（田代山）：（車）つくば4:00発、宇都宮－高速日光－今市－川治温泉－南会津－檜枝岐、馬坂峠方面は悪路のため引き返し、南会津から県道舘岩栗山350号線の未舗装道約20km、約1時間で猿倉登山口11時着・発。急坂を登って小田代の小湿地に着き、すぐ田代山湿原（尾瀬の特別保護地区25ha、田代山1926m、湿原上部の弘法大師堂1971m）に出た。湿原はかなり草紅葉だった。反時計回りに回遊しながら高層湿原を突き切って弘法大師堂（避難小屋）に着き帝釈山（2060m）の写真を撮った。帝釈山は時間がなくなり断念。高原山や尾瀬の<u>燧岳</u>（2356m）の山々がよく見えた。16時に下山した。ヤマハハコ・ミヤマリンドウ・ヒカゲノカズラの花、キンコウカ・イワショウブの種子、湿地のクロベ（ネズコ）、ミヤマハナゴケ（地衣類）、ゴゼンタチバナの赤い実、沢沿い

のトリカブトが印象的だった。悪路を下る途中白いカモシカに出会したが、フェンスを越えて逃げていった。道の駅湯西川で車中泊、キャンピング車など10余台いた。*15日5時半発、霧雨程ではないが小さい霧粒が感じられた。途中かなり降った。川治温泉を越えた所で高原山方面（日塩もみじライン）に入った。相当の距離を走り、右手の鳥居（1200m）に7時着。小雨の中、鳥居まで下見に行った。向かいのPAに1台いた。上方のスキー場の位置を確認した。雨が止まず、かつ相当曇雨天が続きそうなので断念して、龍王峡を見に行った。龍王神社、虹見の滝、峡谷等を見た。今市から日光杉並木街道沿いに走り、土沢ICで高速に入り宇都宮から在来線で12時半帰着した。

　なお、筑波山に2022年4月11日にカタクリ、11月17日に紅葉を見に行った。よって、2022年の山行は4回で6山となった。

4. 日本百高山と日本百名山のまとめ

　最初は高校生の時の石鎚山登山で、山の苦難と達成感を味わい、山の雰囲気を知った。1963年7月富士山（剣ヶ峰）に登った。1964年1月成人になり、3月中国（山陽）・九州、7月東北・北海道の1人旅をした。登山は単独がほとんどで、1965年から本格的に登山も開始した。1965年8月奥穂高岳－前穂高岳、燧岳（俎嵓）－至仏山、1974年10月立山（大汝山）－真砂岳－別山（縦走）、9月北岳

－間ノ岳－農鳥岳（縦走）、1980年8月槍ヶ岳－大喰岳－中岳－南岳－北穂高岳－涸沢岳－奥穂高岳－前穂高岳（縦走）－乗鞍岳（畳平）等で本格登山が多くなった。

1983年8月那須岳（茶臼岳）に登ったが、仕事（研究）の多忙さと、特に1983年10～12月（39歳）の開腹手術で激減した。やっと1986年7月剣山、1987年10月石鎚山（天狗岳）に登った。その内に外国出張等が多くなり、3年振りに1990年8月筑波山に登ったのみで、4年間なかった。以降、仕事・研究との関連で、車で近くまで行ける山に登った。1994年8月八甲田山、11月美ヶ原、1995年3月赤城山－榛名山、1996年7月蔵王山（熊野岳）、10月乗鞍岳（畳平）などである。

つくば（農環研）では、1997年3月屋久島・宮之浦岳に登山目的で登った以外は出張との関連で登り、4月蔵王山、1998年7月奥白根山、10月丹沢山、吾妻山などである。

松山（愛媛大）への転勤で中四国の山行が増え、1999年8月大山、11月木曽駒ヶ岳（千畳敷）、2000年6・11月石鎚山で、車で近くまで行ける山に登った。

2001～2006年は福岡（九大）にいたため九州の山が多く、2004年4月に阿蘇山に登った。そして2005年10月に就任した日本学術会議会員の多忙の中でも、2005年9月に25年振り本格登山の立山（大汝山）－真砂岳－別山－剱岳（縦走）、2005年10月・2006年5・10月祖母山、2006年6月九重山（中岳）、8月白山（御前峰）、2007年8月駒津峰－甲斐駒ヶ岳－仙丈岳（縦走）、2008年7月筑波山で、

本格登山は年1回程だったが、さすがに多忙となり山行は減少し、2009年8月に車で登った大台ヶ原山以外、5年間なかった。

2011年9月筑波大で、日本学術会議会員が終わり連携会員に変わって任務も幾分減少し、余裕ができて登った夏山は、2012年7月乗鞍岳（剣ヶ峰）、8月八ヶ岳（赤岳−横岳−硫黄岳）（縦走）、9月御嶽山だった。

しかし、2011年12月と2012年10・12月に立て続けに腸閉塞を患ったため、2013年1月癒着開腹手術を受けた。手術は冬季で回復は遅かったが春季に急速に回復し、4・6月筑波山、6月尾瀬ハイキングである程度自信を付け、早くも夏季から本格登山を再開した事は我ながら驚いた。7月悪沢岳−荒川中岳−赤石岳（縦走）、8月聖岳、塩見岳、11月筑波山など、2013年は18山に登り、百高山・名山を究める目的を持った事で、本格的な登山が急激に増え、引き続き2014〜2018年に集中的に登山をした。

2014年は6月筑波山、白馬岳、7月八幡平、祖父岳−鷲羽岳−水晶岳（黒岳）−野口五郎岳−三ツ岳（縦走）、8月西穂高岳、小蓮華山−白馬岳−杓子岳−白馬鑓ヶ岳（縦走）、薬師岳、9月燕岳−大天井岳−東天井岳−横通岳−常念岳（縦走）で、2014年はその他を含めて30山に登った。

2015年は1月筑波山3回、5月岩木山、6月筑波山、丹沢山（蛭ヶ岳）、7月木曽駒ヶ岳−三ノ沢岳（三沢岳）−檜尾岳−熊沢岳−東川岳−空木岳（縦走）、トムラウシ山、7〜8月黒部五郎岳−三俣蓮華岳−双六岳−抜戸岳−笠ヶ

138

（縦走）、8月爺ヶ岳－鹿島槍ヶ岳、小蓮華山－白馬岳－旭岳（縦走）、間ノ岳－農鳥岳－広河内岳（縦走）、龍王岳、9月仙涯嶺－南駒ヶ岳－空木岳（縦走）、霧島山（韓国岳）－開聞岳、八甲田山（大岳）－岩手山、鳳凰山（薬師岳－観音岳－地蔵岳）－高嶺（縦走）、赤城山（黒檜山）－武尊山－皇海山、10月男体山、雲取山、大菩薩岳、両神山、安達太良山－吾妻山－磐梯山、草津白根山－四阿山、11月伊吹山－大峰山（八経ヶ岳）－大台ヶ原山（日出ヶ岳）、荒島岳、天城山（万三郎岳）、2015年は最高の80山程に登った。

2016年は5月筑波山、恵那山－蓼科山－霧ヶ峰（車山）－美ヶ原（王ヶ頭）、瑞牆山－金峰山－甲武信岳、草津白根山－浅間山（黒斑山）、6月苗場山－魚沼駒ヶ岳－巻機山、早池峰、平ヶ岳－会津駒ヶ岳、月山－大朝日岳、焼岳、7月鳥海山、飯豊山（飯豊本山）、後方羊蹄山－十勝岳、五竜岳－唐松岳、利尻岳、火打山－妙高山、8月幌尻岳、光岳－上河内岳、高妻山－雨飾山、塩見岳－蝙蝠岳－塩見岳－烏帽子岳－小河内岳（縦走）、祖父岳－水晶岳（黒岳）－赤牛岳－三ツ岳（縦走）、9月雌阿寒岳－斜里岳－羅臼岳、那須岳（三本槍岳）、12月筑波山で、70山程に登り、日本百名山踏破を達成した。

2017年は5月八ヶ岳、6月アサヨ峰、7月八ヶ岳（権現岳－阿弥陀岳）、蝶ヶ岳、鋸岳（熊穴沢ノ頭）、間ノ岳－農鳥岳－広河内岳（縦走）、8月蓮華岳－針ノ木岳－スバリ岳－赤沢岳（縦走）、小太郎山－北岳、9月聖岳、将棊頭

山－木曽駒ヶ岳、樅沢岳、12月筑波山。2017年は縦走を伴う登山日数のかかる高い難関の山が多い事と夏季の天候不順や多残雪、特に山での怪我、日程・体力・気力で踏破数は25山に減少したが百高山は87山に達した。

2018年は難しい山が残っており厳しい状況であった。2・3・5月筑波山、7月聖岳－兎岳－中盛丸山－大沢岳－中盛丸山－兎岳－聖岳（縦走）、間ノ岳－安倍荒倉岳－新蛇抜山－北荒川岳－農鳥岳－広河内岳－大籠岳（縦走）、8月笹山（黒河内岳）、西岳－赤岩岳－赤沢山（縦走）、祖父岳－南真砂岳－野口五郎岳－三ツ岳（縦走）、鋸岳、9月別山、剱御前、飯豊山（飯豊本山－大日岳）（縦走）、10月阿蘇山（高岳）、11月筑波山だった。

2018年時点で、日本百高山を踏破・達成した。特に、日本百名山は最高点に登り完全踏破した。当時の登山はほとんど（98％）が単独行であり、最高点踏破年を基準にすると、登山の8割が心臓身障者（78％）および70歳（76％）になって以降だった。

その後、2019年6月奥白根山、7月那須岳（三本槍岳）、8月富士山、鋸岳、10月剣山で日本百高山と日本百名山の単独完全踏破を達成した。

なお、コロナ禍で山行は減少し、2020年はなし。2021年9月木曽駒ヶ岳（千畳敷）、2022年7月白馬岳（八方尾根）－小蓮華山（栂池）、9月田代山（尾瀬国立公園特別保護区、燧岳の隣山）に行き楽しんでいるが、体力が落ち、山行がきつくなっている。

　百名山（名）・百高山（高）の達成（登山の早い順で必ずしも最高点踏破時ではない）を年代順に見ると1960年名1でスタートし、1970年 高3名8、1980年 高16名17、1990年 高16名19、2000年 高17名24、2010・2011年 高22名29、2012年 高26名31、2013年 高31名35、2014年 高47名40、2015年高68名67、2016年高75名100、2017年高87、2018年高100だった。登山は2013〜2018年に集中し、新たに約130山、複数回を入れると約180山に達した。一方、4年以上の空白期間は1969〜1972年、1991〜1995年、2000〜2004年、2008〜2011年だった。ちなみに直近の空白は2019年10月〜2021年4月で2年半であった。

5. 登山と天候・事故・計画・食事・持物関連

5. 1　登山と気象・天候との関連
　気象的に厳しい高山の登山は、雨・風・気温・雲・霧等の種々の気象現象に影響される。例えば強風と低温では体感的には寒く感じるため、強風と低温の両項目に記した。気象的に厳しい場合のみを選定した。なお、ここでは百高山・百名山以外の山についての体験も記述した。
(1) 雨との関連性：雨（霧・風）で苦労した厳しい登山状況は①〜⑩の10回に及び、その内ずぶ濡れは8回あった。年代順に拾い出すと、1964年3月霧島山の大浪池は雨のため中断した。1965年8月17日穂高岳山荘からの登頂は雨

で延期し18日奥穂高岳に登った。

　1974年10月3日浄土山から立山付近でびしょ濡れに
なった。1978年10月27日八幡平は雨だが紅葉が綺麗だっ
た。1980年7月15日八甲田山展望台から雨・霧の中で眺
望した。1980年8月2日富士山では上層は晴天だが下層は
雲海で霧雨だった。①1980年8月23日槍ヶ岳登山で一時
陽も射したがずぶ濡れになり雨中の雪渓も歩き寒さで手痺
れ足引き攣るが槍ヶ岳山荘に辿り着いた。

　1996年7月20日蔵王山・刈田岳の尾根では御来光と滝
霧が見えたが上層快晴・下層雲海で下界はヤマセ霧・小雨
だった。②1997年3月29日宮之浦岳踏破翌日淀川小屋を
雨中に発ち強風大雨でずぶ濡れで下山し初体験の大粒の強
雨の中で千尋の滝を見た。1998年7月4日奥白根山は暑さ
で目眩がし下山の最後は雨に濡れた後に戦場ヶ原も雨でい
ろは坂では猛烈な雷雨に遭った。1999年8月24日大山上
層部は坂が緩く風が弱いため傘を差して雨中を登った。
2000年6月17日石鎚山登頂後車中泊したが雨で面河渓谷
の新緑は捲土重来とした。

　2005年9月24日立山は晴天だが下層は雲海で雨だった。
④2007年1月5日屋久島・白谷雲水峡は雨・大雨でレイン
コートの中まで濡れて寒く6日ヤクスギランドの雨中を回
遊して屋久杉の長命巨樹を多数見た。

　2012年9月15日御嶽山・摩利支天山に登り小雨で下方
に珍しい丸い虹が見られ感激した後に天気は目まぐるしく
変わり寒くなり小屋に戻ると本降りになった。⑤2013年7

142

月24日前岳で雨がポツリと来てから石仏がある荒川岳－悪沢岳（東岳）間で本降りとなり中岳（南ア）は風雨の中を歩き雨具カバーが風で外れて帽子が濡れ悪沢岳付近では濡れた帽子の水が首に入り頭首が冷え継続歩行の苦難を体験した。

2014年6月30日白馬岳の雪渓上部で小雨に遭い雨中を頂上に登り白馬山荘に泊まった。⑥2014年7月27日真砂岳付近から暴風雨となり野口五郎岳近くで西風の吹き上げ強風雨でキルティング縫目から浸込みズボン内も濡れて冷え野口五郎小屋に避難し泊まった。2014年8月5日小雨で西穂山荘に着くが直登は制止され6日雨・霧中に発ち独標の急坂では本降りで風も出たが急峻な痩せ尾根を登り西穂高岳に到達した。

2015年6月14日丹沢山を発ち蛭ヶ岳近くで小雨に遭った。2015年7月13日檜尾岳でかなりの雨に遭い熊沢岳を経て木曽殿山荘にやっと辿り着き夜中強風雨だった。2015年7月24日トムラウシ山の出発直前の雷雨は気になったが頂上到達後の帰着直前に霧雨となるも本降りを神業的に逃れた。2015年8月18日白馬大池から雨になり小蓮華山は霧雨で白馬岳着後の旭岳は雪渓では霧だったが瞬時晴れ頂上が見え登った。2015年8月29日雨中を室堂山－浄土山から龍王岳に登り一ノ越に下り雨中・有毒ガス中を雷鳥沢ヒュッテに泊まったが30日雨で大日岳を断念して室堂に下山した。2015年9月27日赤城山の御黒檜大神経由で小雨の中を黒檜山に登った。2015年11月12日大台ヶ原山は

霧・小雨で展望台からは視界なく東大台コースを正木嶺から回った。2015年11月17日荒島岳は霧で視界なし風も強く霧で地面が濡れ急ぐと4回も滑り下山後は雨だった。

　2016年5月30日白根火山ロープウェイの本白根山は立入禁止で登山道最高点2150mまで行き鏡池に下りたが霧で見えず。2016年6月15日早池峰は霧雨の中を小田越まで歩き賽ノ河原を経て早池峰に登った。⑦2016年6月23日大朝日岳は古寺山から雨になり雪渓を越えて頂上に着き財布まで濡れるずぶ濡れで身体が冷えるので休まず低体温症に成り兼ねなかった。2016年6月26日焼岳では雨は止んだが樹雨は降り泥濘・水溜まり・谷川状もあったが焼岳登頂後に滑って一回転したが怪我はなかった。

　2016年7月17日火山ガスが臭う中を十勝岳の火口を幾つか見た後は小雨数回だが本降りにならず。2016年7月30日火打山頂上で降り出しずっと雨、31日大倉乗越で黒沢ヒュッテに下り林内では大粒の雨になり樅原生林の木道を下りた。2016年8月15日雨飾山から下る時に雨が降り出し森林帯で余り濡れなかったが丁度車に着いたら本降りになった。⑧2016年8月20日蝙蝠岳に着いた後ずっと雨が降りかなり強い風で難儀しずぶ濡れで常に動いて体温低下を防ぎ塩見小屋に着いたが靴内は水で溢れザック底で換えの靴下も濡れた。2016年8月24日折立から太郎平に着くまでに何回かパラ付き雷も鳴り、26日野口五郎小屋に行く途中に雨がパラ付き着いた途端に強雨になり、27日雨中発で三ツ岳は霧雨だった。2016年9月1日雌阿寒温泉に

向かう途中に強い雨脚と陽も射したが樹雨で雨具を着けて
登ると雌阿寒岳は霧だった。

　2017年7月7日樹雨が降り山道は水浸し阿弥陀岳の急坂
で雨がパラ付いたが本降りにはならず頂上は霧で視界はな
かった。2017年7月16日鋸岳を間違えて熊穴沢に入り登
る途中に雨がパラ付き中ノ川乗越から熊穴沢ノ頭に登った
後も徒渉中に雨が数回パラ付いた。⑨2017年7月23日間
ノ岳は出発間もなく霧で雨具を着け強風・雨・霧で道を間
違えながら農鳥小屋に着くも寒かった、24日雨具を着て
強風霧の中で農鳥岳を越え風霧も弱くなり広河内岳に登っ
たが霧で迷った直後に霧が少し晴れ偶然に人が見え聞いて
分かった。2017年9月20日強風・霧の中で駒飼ノ池・濃ヶ
池を越え西駒山荘に着き暴風・霧の中を将棊頭山に登った
が霧で何も見えず夜は雨で星も見え風向・風速が激変した。

　⑩2018年9月7日剱御前小舎から室堂の下山時に雨・霧
と強風でほぼずぶ濡れになり寒かった。2019年10月24日
剣山では暴風雨に遭い相当濡れて寒かった。2022年7月18
日栂池自然園でかなりの雨で濡れ早々と下山した。

(2)　**強風との関連性**：1987年10月22日石鎚山・天狗岳・
南先鋒・鉄砲岩は絶壁と強風で怖かった。1995年8月24
日石鎚山登頂後の天狗岳は強風・霧で中止した。②1997
年3月29日屋久島・淀川小屋からの下山中は強風と大雨
だった。

　⑥2014年7月27日真砂岳－野口五郎小屋間は暴風雨で
避難した後で強風晴天の野口五郎岳に登った。2014年8月

20日杓子岳－白馬鑓ヶ岳間は強風・霧だった。

　2015年7月12日檜尾岳－熊沢岳－東川岳と13日木曽殿山荘－空木岳間は強風霧で一部雨も降った。2015年8月8日布引山－鹿島槍ヶ岳で強風と低温だった。2015年10月20日磐梯山で強風・霧に遭った。2015年10月25日草津白根山で猛烈な強風と霧氷、26日四阿山で晴天・強風・樹氷だった。

　2016年5月16日蓼科山はやや強風で寒かった。2016年8月11日上河内岳では毛帽子とヤッケ姿で出たが尾根筋は強風で寒かった。⑧2016年8月20日塩見岳の尾根は風が強く蝙蝠岳からの降雨と風で難儀した。

　⑨2017年7月23日北岳山荘－間ノ岳－農鳥小屋と24日農鳥岳－広河内岳間は強風・霧になった。2017年8月24日北岳－北岳山荘は強風、25日尾根筋も未経験の強風で歩行不能で挫折し下山時の八本歯は強風・霧だった。2017年9月20日宝剣山荘－西駒山荘－将棊頭山は強風・霧、21日西駒山荘－木曽駒ヶ岳は晴天・強寒風・霜柱で非常に寒く顔が凍えそうだった。

　⑩2018年9月7日剣御前小舎－室堂の下山で強風と雨で大濡れした。2019年10月24日剣山では強風雨に遭い相当濡れて寒かった。

(3) **気温との関連性**：夏山登山は下層域では概ね高温だが高山では夏季でも相当低温になる。特に雨・霧に強風が加わると寒くなる。

　●低温・寒さでは、1963年7月20日富士山頂の低温と

下山中の高温で軽い目眩をした。1979年9月9日北岳・農鳥岳の下層は暑かったが稜線に出ると寒く手袋が必要だった。1994年11月26日鈴鹿山脈の御在所岳に登り寒かった。

2001年1月12日防寒具を忘れ低温の乾燥雪の中で石鎚神社成就社を往復した。2006年6月10日九重山は新緑が綺麗だったが風が強く寒かった。2007年1月5日屋久島・白谷雲水峡の大雨で雨具の中まで濡れ寒くなった。2009年9月27日藻岩山は風が強く寒かった。

2012年9月15日御嶽山では摩利支天山の小雨で丸い虹を見た後で天気は何度も変化し寒かった。2013年8月11日聖岳で汗を掻いた後に風が強く寒くなり手袋もした。2013年8月21日天狗岩の尾根筋から風で寒くなりヤッケを着て塩見岳に登った。2014年6月30日白馬岳雪渓の雪面の低温で足が一時引き攣った。2014年8月29日薬師岳山荘－薬師岳に登ったが手袋なしは寒かった。

2015年8月8日布引山－鹿島槍ヶ岳で強風と低温で耳が痛くなりヤッケとカッパを着た。2015年9月29日皇海橋を渡った所は寒かったが服を着ず人を待って皇海山に登った。2015年10月7日雲取山では昼間汗だくだが後で寒くなり雲取山荘はストーブがあり夜は寒く毛布を敷いた後で野外の休憩場で霜を見た。2015年10月12日大菩薩峠で少し風があり寒かった。2015年10月19日西吾妻山のリフト3回は長く寒くヤッケを着て手袋もした。2015年10月26日四阿山は強風・低温の中を順調に登ったが積雪が10cm程あり寒かった。

2016年5月16日蓼科山の頂上はかなりの強風で厚・薄シャツでは寒く美ヶ原では向かい風だった。2016年5月31日早朝は寒く5時発で浅間山の黒斑山に登り不意に岩陰からのカモシカに遭遇し威嚇された。2016年6月3日苗場山で前日の強風・低温・霧氷で樹氷が凄かった。2016年6月20日会津駒ヶ岳は雪がかなりあり一時太陽を見たが霧と風で寒くなり身体が冷え手袋をしても寒かった。2016年6月23日雨で身体が濡れて冷え雪渓を通り大朝日岳に着くがずぶ濡れで低体温症が心配された。2016年7月4日鳥海山・御室小屋は夕食が悪く夜寒くて次々服を増やすが寝床は外気も入り大変寒かった。2016年8月11日上河内岳に電灯を点け毛帽子とヤッケ姿で出たが尾根筋は強風で寒かった。2016年12月30日冬の筑波山は寒かった。

　⑨2017年7月23日間ノ岳で強風・雨・霧で農鳥小屋に着くがトイレは強風の中で寒く、24日雨具を着け強風・霧中を発ち農鳥岳を越えた。2017年8月2日北岳の雪渓風と蒸発霧で寒くヤッケとズボンに水滴が着くが体は少し汗を掻いた。2017年9月9日聖平小屋の寝床は入口直ぐで外気が入り寒かった。2017年9月21日風向激変の突風が吹き強風でも霜柱が立ち顔は寒くマスクを掛け耳は毛帽子で被って木曽駒ヶ岳の馬ノ背を登った。2017年12月30日冬の筑波山は寒かった。

　2018年8月17日折立－太郎平は低温とやや強風で寒・暑が複雑で、18日朝は弱風で木道・植物葉は見事な真夏の霜で驚いた。⑩2018年9月7日剱御前小舎から室堂に下

山中に強風雨・霧でずぶ濡れに近く冷えた。2018年9月6～7日剱御前小舎で夜朝に強風・すきま風が入り非常に寒く体調不良になりかけた。2018年9月19～21日飯豊本山小屋・飯豊切合小屋2泊は低温・寝袋で寒かった。

　●高温・暑さでは、記述は少ない。そもそも登山すると当然汗を掻く程熱く普通の事であるため、記述回数は限定的になる。なお湿度の事も記述した。

　1960年7月西条高校時代に暑い夏の日の早朝に徒歩で西条市西之川から登り始め汗だくになり喘ぎ喘ぎ石鎚山に登った。1963年7月19～20日富士山の低温と下山時の高温で目眩がした。1968年7月21日大菩薩峠から大菩薩岳に登ったが朝は涼しく昼間は非常に暑かった。

　1979年9月9日北岳登山で下層は暑かったが稜線は寒かった。1998年7月4日奥白根山で35℃の高温で少し目眩がして下山末期に雨に濡れた。2005年9月23日真砂岳－別山を通って剣山荘泊で夜は満員で暑く窓を開けた。

　2014年7月25日折立－太郎平で森林帯は濡れて高湿度で風はなく蒸し暑かった。2014年8月28日折立からの樹林帯は暑くきつかった。

　2015年6月13日丹沢山は霧でみやま山荘泊は暑く窓を開けると寝られた。2015年7月30日折立－太郎平3回目で蒸し暑かった。2015年8月1日笠ヶ岳はガンガン照りで暑く木陰で弁当を食べ休息して助かったが夜は1布団に2人で暑かった。2015年8月8日鹿島槍ヶ岳では朝は寒かったが冷池山荘から暑く種池山荘で冷たいジュースを買って飲

んだ。2015年9月22日鳳凰山の薬師岳小屋は最初涼しかったが人熱れで暑く息苦しかった。

　2016年8月3日幌尻山荘の2階板間は暑く寝袋内も暑く汗は乾かず着替えて寝られた。2016年8月11日茶臼小屋から下山し沼平ゲートまでの炎天下の車道歩きは暑かった。2016年8月19日塩見小屋の寝床は3人の真中で天井裏の余熱で暑かった。2016年8月26日昼間は天気良く暑く水晶小屋泊は2階で暑く寝苦しかった。2016年9月27日暑い炎天下で中ノ大倉尾根から三本槍岳に登った。

　2017年7月7日早朝の雨が快晴の暑いガンガン照りとなり急坂を阿弥陀岳に登った。2017年7月22日北岳山荘では人熱れで暑く2回窓を開けた。2017年9月24日樅沢岳登山で鏡平山荘に着いたが21日の木曽駒ヶ岳の寒さとは逆に暑さで疲弊した。

　2018年7月14～16日聖岳－兎岳－中盛丸山－大沢岳、7月23～25日間ノ岳－農鳥岳－広河内岳－大籠岳－白河内岳（23日：熊谷で41.1℃）と8月1～2日西岳－赤岩岳－赤沢山は長期間の連続晴天で非常に暑かった。8月18・19日水晶小屋・烏帽子小屋の夜は暑く寝苦しかった。

　2016～2017年の百高山・百名山における体感としての雨・霧・強風・低温・高温の気象を登山1回当たりの発生数の比率で示す。1回の登山では1～4日間の発生数で示すため比率は高い。登山回数35回（1日11回、2日17回、3日5回、4日2回）の中に、雨は11回31％（樹雨含14回40％）、霧22回63％、強風9回26％、低温14回40％、高

温8回23％であった。高温の半分は小屋での就寝時であり半分は炎天下の高温である。登山では当然汗を掻くため特別な暑さのみにした。

　登山日数は、先の1〜4日の35回では69日に相当し、雨は14日20％（樹雨含16日23％）、霧26日38％、強風13日19％、低温14日20％、高温10日14％（寝床の高温4日6％）だった。回数当たりよりも日数当たりの割合は上記の割合の65、60、73、50、61％で平均62％に減少した。

　2018年では登山10回（1日3回、2日2回、3日2回、4日2回、5日1回）で日数では26日になる。雨（霧強風）1回、霧4回、強風2回、低温（昼）2回、低温（夜）3回、高温（昼）4回、高温（夜）1回だった。雨（霧強風）1日4％、霧4日15％、強風2日8％、低温（昼）2日8％、低温（夜）4日15％、高温（昼）4日15％、高温（夜）2日8％、特になし7日27％だった。2018年は天気の良い期間を選んだため、雨・霧が非常に少なかった。

　2016〜2018年の全登山日数は95日になる。体感気象は、雨15日15％、霧30日30％、強風15日15％、低温（昼）20日20％、低温（夜）4日4％、高温（昼）10日10％、高温（夜）6日6％だった。なお同日に複数の現象が起こると日数当たりでは100％を越えるため、現象の比率で示した。

5. 2　登山と怪我（外傷）・病気との関連

（1）怪我（外傷）関係：1997年3月30日屋久島でヘゴを

調べる時に滑り、頬・上腕・脛・手の平を擦り剥き、出血も少しあり眼鏡も破損した。

2014年3月20日つくば梅園交差点を青で横断中に軽四の代行車に足を敷かれ跳ね飛ばされる交通事故で足小指を骨折したが6月に筑波山・白馬岳登山をした。回復に1年かかった。

2015年11月4日山行等で焦り並木PAの停止盤で転倒し顔面・顎強打充血、手・腕・肩・腰（右骨盤）の全身打撲を負って登山を延期したが、10〜12日大峰山・大台ヶ原山、16〜17日荒島岳に登った。

2015年11月21日天城山で1m高の岩を脛で乗り越えた際、お皿を打撲した。行く前から痛かったが、2病院で治らず真木クリニックで膝を休ませる指示が出た。痛みは1年で取れたが以降曲げは悪い。

2017年6月24日広河原－アサヨ峰の途中、斜石で左足を滑らせ、右足を痛めた。老化による転倒打撲と鞭打ち症で首も痛めた。

2017年8月10日北岳大樺沢二俣下で立木に顔面・額を当て後方に転倒し、額打撲・鼻軟骨骨折・鼻血・鼻筋出血の重症を負い山梨県中央病院に救急搬送された。2週間後に聖岳に登った。

足痛・引付（痙攣）、足爪充血・マメは良く起こった。

虫刺され：2018年7月16日聖平小屋でアブに右首後方を刺され堅い瘤ができた。7月22日御池小屋手前でブユに左耳を刺され耳が大きく腫れ痒かった。

(2) 病気関係：中国では1996年9月10日青海省・崑崙山口4772m（著者の最高度）到達後、コルラまで下山したが、夜にホテル（3000m）で激頭痛の高山病に罹った。

1999年11月10日ロープウェイ急登後、木曽駒ヶ岳千畳敷から直ぐ歩き始めたため2650m付近で軽い高山病に罹った。

高山病以外の山での病気は、頻発の便秘・軽い腹痛（下剤による下痢）・軽い頭痛・風邪気味程度で怪我と比較すると非常に少なかった。体調管理に気を配ったためだろう。高齢になってからは、毎日10種以上の飲薬を飲むが、朝昼晩で種類と個数が決められており煩雑である。目薬や外用薬もある。山小屋では埃っぽいためマスクをする事が多い。

5.3 登山と計画・変更事例との関連

(1) 登山計画：登山は前述の通り、高校生の時に石鎚山に登り、山に惹かれて行った。その内に日本百高山、日本百名山を踏破したいと思い、山行を加速・継続した。特に2014年からは活発・頻繁になった。

登山は、まず行きたい山、印象的な山に登ろうと思う意思が先行して計画を立て、地図、山のガイド本、写真を見て計画を進めた。以前は地図と若干の説明書を見て計画を立てたが、最近はインターネットで調べてガイド・地図等々の情報を集めて計画を立て、目的を持って登るが、単独登山が多いため綿密な計画を立てる事はむしろ少なかっ

た。天候が影響する事も多く、交通・車の問題もあり、交通手段が重要であった。

　公共交通機関をかなり多く利用したが、登山の場合は山奥に入るために、とかく車を利用する事が多く、レンタカーもしばしば利用した。特に百高山では中部地方に集中するため、車の使用が多かった。百名山では、全国にあるため航空機、列車、バス、レンタカー、自家用車が多かったが、その時に利便性・安全・費用・季節、出発・到着地の場所・時間とスケジュール等々、種々の条件を考慮して判断していた。前泊が必要な事が多く、関東・中部付近では前夜・夜中に発って、早朝登る事も多かった。近年ではできるだけ体に負担を掛けないように前泊が多い一方、2018年には車中泊も3割あった。

　登山は出発場所・時間・交通手段・乗り継ぎ・行き先の状況を考慮して計画を遂行して登山口に到達する。特に高山の場合は登りのコースの選択・時間（発着）を検討・選定して登る。地図や案内本にはコースタイムが記述されているが、種々の理由で早かったり遅かったりする。遅れる時は道間違い・ミスが多く関連するが、他には体力低下・疲労・足や体の不調等々の原因がある。状況によって判断・対処する必要があった。

　歩き方は、余り急がないで、マイペースで登る事が重要である。すなわち、幾分広幅でゆっくり歩き、余り休まないようにしている。もちろん疲労でペース・状況は変わるが、できるだけ心がけている。一方、休憩は重要であるが

余り長い時間を取らないようにしている。若い時はがむしゃらに登っていた事もあった。頂上では休憩も兼ね弁当を食べる事も多いが、近年では弁当は途中で休憩を兼ねて欲しくなったら食べている。

　頂上では達成感があり疲れも吹っ飛ぶ。かつ天気が良く、見晴らしが良ければ最高であるが、霧・雨などに叩かれる場合も多く、霧は30%、雨は15%であった。頂上では写真を撮っている。人がおれば依頼する事も多いが、自動シャッターで撮る事も多い。登頂は小屋の前後で変わる。荷物を少し残して頂上に登る事もあり、頂上を経て小屋に行く事もある。縦走する時は、途中で当然何度かピークを越える。

　宿泊小屋は非常に重要である。疲労を取るには不可欠である。テント泊はしない。種々の条件や人の鼾で困る事もあるが、眠れなくても体を休める積もりでおれば、幾分かは眠れる。高山では、特別の理由のない限り早朝の出発である。弁当は重要で朝弁を持参する事が多く、かつその時はライトを点けて歩く事が多いが危険であり緩慢になる。道違いに注意する必要がある。水晶岳では第1・2ピークに行ってしまい時間を取った。鋸岳では道を間違えて第3ピークに登ったなどである。

　行動中は水・食料が重要であり、飲み水は非常に重要である。途中で水が補給できるか、小屋では水が自由な所と有料の所があり、歯を磨くのも気になる事があり、磨かない事や途中で磨く事もあった。トイレは水洗から垂れ流し

まである。大便と小便の区別は多い。チリ紙の処理法は、小屋によって異なるが、別箱に入れる事が多く指示通りに注意している。トイレは建物の中が良いが、外の場合も結構多い。トイレまでの距離も問題である。建物内では良いが、聖平小屋では外で寝床から100mだった。加齢のため所謂トイレが近い現象で回数が多く、目が覚めると行っている。一方、便秘が多いため、かなり頻繁になる。

(2) **登山中の計画変更**：登山旅行の出発後、天候・山道の状況や予定日数・怪我・体力・気力・指導等の理由で計画を変更した主要な事例を記述する。

古くは1965年8月18日前穂高岳から道を間違え急坂を奥又白池に直下降し上高地に下山した。1995年8月24日石鎚山登頂後、天狗岳は強風・霧で中止した。1997年3月28日屋久島の宮之浦岳を踏破し花之江河の高層湿原で思案し前年の台風害のため石塚小屋から淀川小屋に変更した。

2013年7月1日白馬岳からの白馬鑓ヶ岳行きは多量の積雪のため観念して白馬雪渓を下りた。2014年7月27日水晶小屋出発後の天候急変・暴風雨で野口五郎小屋に避難し夕方に野口五郎岳に登った。

2015年7月14日前日からの強風雨・霧の悪天候で空木岳からの南駒ヶ岳－越百山行きを断念して菅ノ台に下山した。8月2日笠ヶ岳からの南尾根は前年までの雪崩や大雨で荒れた悪路のため止める指導を受け笠新道で新穂高温泉に下山した。8月19日白馬岳からの欅平行きは前年までの山道の荒廃のため止める指導を受け栂池に下山した。8月

29〜30日龍王岳から一ノ越に下り雨の有毒ガス中を雷鳥沢ヒュッテに泊まったが30日雨で大日岳を断念し下山した。9月5日越百山−仙涯嶺−南駒ヶ岳−赤椰岳往復の予定を悪天のため赤椰岳から空木岳越えに変更して菅ノ台に下山した。

2016年6月4日苗場山踏破後に巻機山予定を先に魚沼・越後駒ヶ岳に登る計画に変更した。7月10日飯豊山登山で切合小屋から本山小屋に変更して泊まり1日早く下山した。7月15日出発当日に長野・新潟の天候が悪いため、北海道の後方羊蹄山−十勝岳に急に大変更した。8月9〜11日光岳行きで早く登れたので横窪粟小屋から茶臼小屋に変更した。光岳は日帰り予定を小屋の指導で変更していたが結局は日帰りし余裕が出て上河内岳に登った。8月21日蝙蝠岳−塩見岳の帰りに余裕が出たので三伏峠から烏帽子岳−小河内岳をピストンした。9月3〜5日逆順の雌阿寒岳−斜里岳−羅臼岳に変更してかつ1日縮めた。

2017年7月16日鋸岳は徒渉と熊穴沢のルートを間違えて鋸岳頂上に行けず第三高点から下山した。7月24日農鳥岳から広河内岳までは行けたが以降の天候が不明で笹山に行かず下山した。8月10日北岳途中の大樺沢二俣手前の転落事故で緊急下山した。8月25日北岳山荘で暴風・霧のため間ノ岳・熊ノ平方面に行けず広河原に下山した。9月10日聖岳から兎岳の途中で種々考えた末に急遽断念して下山した。

2018年8月2日ヒュッテ西岳で宿泊から休憩に変更して

槍沢ロッヂに連泊し下山した。8月30日鋸岳は時間・体力不足と危険のため大岩下ノ岩小屋付近から下山した。9月7日強風雨で剱御前・大日岳は止めて剱御前小舎から下山した。9月12日剱御前小舎から大日岳を縦走して大日平山荘に泊まらず下山した。

2022年7月18～20日の19日栂池自然公園は雨のため早々と切り上げて戸隠に行き目的地を回り20日野尻湖を観光した。2022年9月14～15日の14日田代山の登山口を馬坂峠から猿倉登山口に変更し帝釈山登山は断念し15日高原山は雨で中止した。

その他の天候・交通・予定時間・スケジュール制約・利便性・体力・気分等による計画変更は省略した。変更・失敗事例は、山行も多い年の2015～2017年に集中しており、特に失敗は怪我をした2017年に多かった。

5. 4　登山と食事・食料・水・持物関連

(1) **食事・食料・水関係**：食事にはあまり拘らないが、空腹で疲れている事が多いため概して美味しく感じ、特に味噌汁は美味しく、緑茶は最高である。身体的に多量の水分補給が不可欠で、多種類の薬を飲む。汗による塩分不足でとかく醤油を多く使う。ただ一つ、嫌いではないが下痢をするのでカレーはほとんど食べない。ルーを掛けたのが出ると仕方なくライスを食べカレーは僅かである。山小屋でのカレーの提供頻度を調べると、最近多くなっており、2016～2017年で7回出ており、普通食は14回でカレーが

3割（33%）と多い。2018年はカレー3回、普通食13回で2割、3年間の合計では27%の3割だった。2015年まではカレーの記憶がないが、注意してないか記録がないためだろう。

　都市内や山麓の旅館・民宿は含めず山地の山小屋の夕食に限定した統計だが、山小屋によって食事の質に差があり、聖平小屋（2回は良、2018年の2回は並）・鏡平山荘・針ノ木小屋・野口五郎小屋は良い方だが鳥海山御室小屋は劣った。北岳山荘ではカレーが出て食べず、特注したら長く待たされた上、お粗末な食事で、宿泊者の多い小屋が却って良くなかった。

　2013年の赤石岳避難小屋や2016年の飯豊本山小屋のようにレトルト食品が増えており、見かけの質は上がっている。なお、食事前にお握り等を食べ、ご飯が余り食べられない事が数度あったが、以降注意している。

　2016年5月22日金峰山小屋ではカレー洋食でワインが出たが、カレーは駄目で、ワインは疲れた体には受け付けなく山では飲まないため、良質の食事だったが自分には合わず残念だった。2016年7月30〜31日火打山−妙高山の黒沢池ヒュッテで夕食はシチューとコーンスープで美味だったが佃煮のワカサギの骨が口内上部に当たり痛かった。朝食には珍しくナン、ジャム、スープ、コーヒーが出て良かった。2018年7月15〜16日百間洞山の家の豚カツ・そば・野菜の夕食と弁当お握り4個は最高級だった。8月19日烏帽子小屋はビーフシチュー、キャベツ、オレンジ、

キュウリ、味噌汁で美食だった。

　行程が厳しい山では早朝発つため朝弁が多く、2016～2017年は山小屋の朝弁15回（弁当2食相当）と小屋での朝食10回で朝弁が60％だった。2018年では朝弁（弁当2食）10回、朝食2回で朝弁が83％と高く、朝食弁当なし（持参のお握りや下山のため）4回を入れると63％だった。2016～2018年では早立ちの朝弁が小屋での朝食に対して68％と高かった。

　山での貴重な水は、2ℓのペットボトルと0.5ℓ2本（1本小出し用）に非常予備用1本が標準で、これ以上の時には4ℓの事がある一方、以下の場合もある。水は途中で補給できる場合、多くは谷川・水源の水で補給していた。水は絶えず余裕を持って対応しており、小屋で買う事も多くあった。高妻山では少しきつかった。

　食料では、1日目の昼食は多くは弁当であり、夕食は小屋に依頼している。朝食を小屋で食べる場合は3割と少ない。翌日の昼食は持参の弁当（お握り）の場合があるが、大抵は弁当を依頼してお握りは予備である。かつ朝弁を頼む事が多い。梅干しお握りは普通3日間持つが、その他は無理で注意する必要がある。レトルト食品は幌尻岳、農鳥岳、飯豊山等で持参し、行程が長くかかる場合の予備食である。パンは補助食で嗜好品はミルク飴をかなり持参し糖分を補給していた。果物は自作ブルーベリー（最高に有益）・ミニトマトである。その他若干のチーズ・菓子類を持つ事がある。食塩は持参しており時々利用した。

(2) **持物（衣類・必需品）関係**：帽子2種、衣類（下着1
〜2枚、ヤッケ2枚、ワイシャツ2枚、ジャンバー・厚手
シャツ・キルティングズボン各1枚）、靴下5枚、手袋2〜
3足、雨具（ザックカバー、カッパ、防水ズボン）各1枚
である。手袋はナイロン製に限る。濡れても手で絞れば相
当程度寒さは凌げる。なお、靴は重厚な登山靴ではなく、
軽快な登山靴（トレッキングシューズ）であり、2010〜
2018年で3足目である。夏山の雨天では雨具を着けていて
も汗の湿気が雨具内に貯まるため濡れ、やがて全身ずぶ濡
れとなり財布まで濡れる事が時々あった。心臓・循環器の
影響で手足に血液が回り辛いが、さすがに足は登山靴で靴
下3枚履くため、あまり冷えない、手は手袋で寒さを防ぐ、
2枚重ねは2度程あった。

　ザック、ストック、携帯電話、サングラス、ヘッドライ
ト（別に小ライト）、登山地図、ガイドコピー、小屋の電
話番号等のメモ、身障者手帳、腕・目覚時計、アイゼン、
小道具（糸針、爪切、針金、クリップ、安全ピン、カミソ
リ、毛抜、紐・細ロープ、マッチ、鍵ライト）、ビニール
袋、飲薬（循環器薬、胃腸薬、下剤、ビタミン剤、風邪
薬）、目薬、塗薬、湿布貼薬・絆創膏多数、歯磨・歯ブラ
シ・歯間ブラシ、チリ紙、ハンカチ、小タオル、家・車鍵、
財布等である。2017年の怪我以降、ヘルメットを持参し、
頭上の立木・岩や転倒時の頭の保護に活用している。持参
ザックの総重量は春〜秋の夏山登山では約12kgで余り変
わらない。最近は旅行傷害・山岳保険に入っている。

6. 登山者へのアドバイス

6. 1　日本百高山・百名山登山者へのアドバイス

　まず、登りたい山を選定し、次に登山計画を立て、種々の予約等をした上で、実行に移す。ただし、天候は1週間前に天気予報を見て、前日・直前にも必ずチェックする。グループでの登山は中々予定が変えられないが、それでもリーダー等と相談して、躊躇せず対応する事が必要である。単独だと比較的楽ではあるとはいえ、思い切りが必要である。

　元より登山用の地図（5万分の1以上）は持参するが、最近では携帯に入れる登山ルートアプリがあるため、前もって入れておくと良い。時代の趨勢で大変楽になっている。ただし電池切れに注意。筆者のスマホにはその種のアプリ・ソフトは入れられなく、その恩恵に浴しないまま、高齢になってしまい、高山は登る必要がなくなり、大方の登山は終わりそうである。皆さんは是非とも有効利用して欲しいと思う。気象情報についても携帯で最近のものが相当、高精度で得られるため便利、かつ有益である。

　登山計画を立てるに当たっては、一度の登山期間中に付近の登山可能な山を選定して計画する。ただし、日程、時間的に無理な計画は避けなければならない。特に日本百名山では全国に分布するため、まとめる事は重要ではあるが、あくまで無理のないようにある程度の余裕を持った計画に

する事である。実行段階で体力・天候などで難しくなれば
潔(いさぎよ)く計画を変える事も念頭に置く。

　出発前には、持参する物を前もってメモにして揃える必
要がある。思い付きの順に揃えると必ずと言って良いほど
忘れ物が出る。メモに従い準備する。慣れてくれば良いが、
最初の頃は特に気を付けたい。各自の特別な物は早めに準
備する。直前で良いかと思っていると失敗する。

　天候によって山・登山環境は大きく変わる。いわゆる雲
泥の差である。山の天気は変わり易い。天気予報が当たら
ない事も多い。すなわち平地では晴天でも山では雲が出て
雨が降る事が多い。逆に平地の方は雲海で霧雨、高地は快
晴などが結構発生する。晴天から雷雨への激変は当然であ
るが、それに対処できるように準備しておく事が不可欠で
ある。

　年度の最初の登山は、足が慣れてなく、痛くなる事が多
かった。場合によっては捻挫や怪我をする事もある。2度
目の登山は足が慣れるので痛みが少ないが、登山間隔が1
週間も経つと効果が薄れ、2週間もすると消えてしまう。

　もちろん、ここに記載する事は、若い登山者にも共通す
る事がほとんどである。

　百高山の方が百名山よりも相当高い登山技術が必要であ
る。そしてルートの明確でない山や道を間違え易い山、例
えば鋸岳、笹山、南駒ヶ岳、蝙蝠岳もあるので注意が必要
である。最初は難度の低い山から馴らしていく事が必要で
あり、いきなり難しい山は避けるべきである。慣れてくる

と、難度の高い時間のかかる山を若い内に踏破した方が良い。高齢になると厳しくなる。

　基本的な登山技術として、急坂ではストックはザックに入れて、三点支持（四肢の内、三肢で体を支える方法）で登るのが鉄則である。

　百名山でも北海道のトムラウシ山、幌尻岳、斜里岳では徒渉する必要があり増水していると長時間かかる。また武尊山、皇海山では取っ付きが悪いため、ガイドを付ける事をお勧めしたい。百高山では鋸岳、笹山、大籠岳、蝙蝠岳、仙涯嶺－南駒ヶ岳、檜尾岳－熊沢岳－東川岳、安倍荒倉岳－新蛇抜山－北荒川岳などではガイドが欲しい。著者の単独行では一度もガイドを付けた事がなく、馴染まないがガイドが付くと安心である。

　登山には早出、早着が基本である。高山での山小屋は朝5時からの朝食が多く、それに合わせると良い。飲薬などの対応時間やトイレを済ませるなどの身辺整理の時間が必要であるが6時〜6時半には出発したい。荷物は寝る前に必ず整理しておく。次の小屋や目的地、下山には14〜15時着が理想的であるが、春夏季では遅くても16時には着く計画が必要である。春夏季でも最悪17時である。林の中では斜めから陽が射すため16時でも見えなくなる事が多い。特に秋の日暮れは釣瓶落としであり17時には暗くほとんど見えない状況になる。関東地方（東京）の9月1日の日出は5:13、日没は18:09。10月1日は日出5：36、日没17:26、11月1日は日出6：03、日没16:47である。暗く

なるとヘッドライトが必要になり、予約した夕食にも間に合わなくなる。なお、一部の小屋では着いてから夕食の人数分を最終的に判断するので注意が必要である。

　登山路を間違えたと思ったら分かる所まで思い切って引き返す事が鉄則である。ずるずると道を探していると、時間がかかり、体力も消耗する事に成り兼ねない。<u>谷川岳</u>、<u>前穂高岳</u>、<u>鋸岳</u>等での経験からである。

　残雪は百高山では6〜7月では多く、8月でも3000mを越える山々では年にもよるが思ったより多く残る山岳がある。日本には氷河が7カ所あるが、氷河上を歩く事はほとんどないとはいえ、雪渓は何回か越える事があるため、必ずアイゼンを持参する必要がある。北海道や東北の百名山では初夏に相当の残雪があるため注意が必要である。飛行機で移動する際は、アイゼンは荷物室に預けなければならず時間を要する。残雪情報は、山小屋に聞く事が手っ取り早い。

　小屋は予約をしておく事が必要である。農鳥小屋のような場合でも連絡だけはしておく事である。10月には高山の山小屋は営業を停止するのがほとんどであるため、注意が必要である。なお、登山では連絡さえすれば、小屋宿泊のキャンセルは比較的楽である。ただし、その他の重要な連絡においても山中では携帯が通じない事が良くあり注意を要する。

　天候・気象の問題では最悪は台風であるが、台風でなくても発生する悪天候には、強風、低温、雨（山は雨量が多

く激しい、斜面の風上では雨粒は下から吹き付ける）、濃霧（ガス、視界が悪くなり行動に注意）、雷雨特に落雷（雷電には高木から離れ、金属を離す）、残雪（8月にも一部ある）、降雪（高山では10月には降る）、霜・氷（真夏の霜や9月の結氷もある）、鉄砲水（雷雨、強雨）、土砂崩れ（強雨、長雨）、雪盲（晴天、雪面ではサングラスが必要）、熱中症（高温、水分欠乏、疲労で罹るため初期対応が不可欠、他の病気でも同様）、紫外線での日焼け、高山病、地震等多岐に渡り、地形によっても相当変わる。気温と風速の関係では風速1m/sで気温が1℃低下する体感温度である。十分な雨具・防寒対策は不可欠である。気圧では標高3000mを越えると影響が出易い。特に富士山では高山病に罹る恐れがある。体を慣らすため、富士山中腹での宿泊を心掛けたい。

　山地では気温・風速・風向・湿度・雲・霧等を体感として受け取るが、視覚・聴覚・臭覚・味覚・触覚の五感で感じ取れば、自然を満喫する楽しみもあるため、ある程度敏感でありたい。体感による行動対応は有益ではあるが、過剰反応をすると、過ぎたるは及ばざるが如しになる。

　山小屋では有益な情報が得られる事が多いが、鵜呑みにしないで携帯、電話等で自分なりの確認も必要である。特に変更や行動計画へ取り入れるには慎重に判断して欲しいと筆者は思っている。

　筆者は冬季に高山には行かないため、本書は冬山を対象にしていない事を付記しておく。

6. 2　中高年登山者へのアドバイス

　筆者は、若い時から登山経験があり体力もあったが、中高年になると、以前のようには歩けなくなった。体力・気力等の減退である。すなわち、歩行速度・持続時間・判断力が落ちるためである。従って、自分の体力を十分把握して行動する必要がある。

　20〜40歳代ではコースタイムの50〜70％で登れたが50歳を過ぎるとコースタイムに近くなり、山にもよるが60歳では一部の山で1.2倍、70歳代では1.5倍程度、75歳を越えると2倍に近い事もあった。なお、百名山のコースタイムはトムラウシ山では時間的に厳しく、飯豊山では緩い傾向があった。なお、百高山では概して時間がかかり、特に悪天候が関与すると厳しくなる。

　次に、自分の経験から、単独行についてのアドバイスを記す。単独登山は、前述した通り自分1人で全て対応せざるを得ないため、ルート・体力・気力・時間等に不安・苦労・危険性等がある一方、マイペースで登る事ができ、急変更も可能で自由度が高く気楽で魅力的であるが、余程の体力・気力・精神力がないと達成できないと思われる。事態変化時の対応策を念頭に置く事も必要である。特に高齢者には心すべき事は言うまでもない。筆者は若い頃からの踏破の蓄積で難易度の高い山は早く登ったため、何とか成し遂げられたと思っている。考慮・検討に値する事である。

　怪我・体調不良の事故は重なって発生し、連鎖反応を起こす事がある。過去の事故などを参考に対処法などの情報

を得ておく必要がある。

　最後に、単独行のピークハンターでは中々余裕がないが、それでも少しは登山・山行中の周辺の景色、木々・高山植物や鳥の鳴き声など楽しむ余裕も欲しい。目的地に早く着く計画であれば、その余裕も出るであろう。

7.　おわりに

　登山・山行は高校の時の石鎚山登山が契機であり、長年少しずつ登ったが、手術後かつ退職近くの2013年に一念発起・発奮して日本百高山（国土地理院認定標高順）と日本百名山（深田久弥選定）を踏破する事とした。体力がある内に登ろうと思って、高さの優る難しい山からと考えたが、2013年1月の手術後（69歳）になった。

　当初2013〜2014年は百高山を目指していたが、2014年9月発行の書籍『自然の風・風の文化』のあとがきに「真木の百名山（50高山と形態・気象・特徴的50名山)」を提示した事で、「日本百名山未踏破で百高山ですか？」の誹りを 慮 り、先に百名山踏破に変更した。

　百高山・百名山は共に2013年末に30山、2014年末に40山を越えた。2015年に集中的に80山に登りどちらも70山に近づき、翌2016年9月3日の羅臼岳で日本百名山を踏破した。年に70山登頂し、2016年末には百高山は75山まで踏破した。2017年は怪我、天候などの事情で踏破数は少なく25山だったが百高山は87山に達した。

　2013年の手術後4年半で一般地図記載高山約200山に登頂しており、2018年の登山は13回で45山に登頂し9月に日本百高山を踏破した。

　2013年の手術後5年半で270山、2014〜2018年の5年間で250山に登頂した事になる。そして2022年までに百高・名山全体では登山に約150回出かけ、171山全てに単独で登っている。

　複数回の登山は、日本百高山では最高4回で、2回以上を取り上げ、北・中央・南アルプスの順に記す。

　4回（登頂回数）：間ノ岳、農鳥岳、聖岳（6回）

　3回：白馬岳（6回）、別山（1回）、祖父岳、野口五郎岳（2回）、三ツ岳（1回）、乗鞍岳（2回）、木曽駒ヶ岳（2回）、広河内岳（4回）、富士山（2回）、八ヶ岳（赤岳、横岳、硫黄岳、阿弥陀岳、権現岳各1回）、鋸岳（1回）

　2回：小蓮華山、立山、真砂岳（1回）、水晶岳（黒岳）（3回）、奥穂高岳、前穂高岳、空木岳、北岳、塩見岳（3回）、笹山

　2日連続（通過山含）の千枚岳－丸山－悪沢岳－荒川岳－中岳－前岳－小赤石岳、聖岳－兎岳－中盛丸山である。

　日本百名山では、多数回登った山は筑波山24回、石鎚山9回、祖母山3回、八幡平2回、九重山2回である。

　百名山回数（最高点回数）：那須岳4回（三本槍岳2回）、赤城山4回（黒檜山1回）、八甲田山3回（大岳1回）、蔵王山3回（熊野岳1回）、草津白根山3回（最高点1回）、阿蘇山3回（高岳1回）、飯豊山2回（大日岳1回）、丹沢山2回

（蛭ヶ岳1回）、美ヶ原2回（王ヶ頭1回）、大台ヶ原山2回
（日出ヶ岳1回）

　なお、百高・名山以外の雨呼山（906m）は、気象観測
のため頂上近くまでを含めると30回に及ぶ。

　2017年時点では日本百高山の完全踏破は無理かも知れ
ないと危惧する事もあり、その際には直近からの眺望（写
真）や付近の通過で日本百高山を終了するかと考えていた。
理由は加齢・体力減退と2600〜2800m高山の登山道が不
明確で、登山者少数で時間がかかり、危険性大によるが、
登頂可能な高山は全て踏破できたとして、2018年10月に
一先ず終了した。大変ありがたく感無量である。それで
『75歳・心臓身障者の日本百名山・百高山単独行』を出版
した。

　さらに、2019年10月までに日本百高山と日本百名山を
完全単独踏破した事を再記し、新たに本書を出版する事と
した。

あとがき

　最後に登山の感想を記述する。登山は本人にとっては非常に重要な事であると思っている。しかし一般的には単なる趣味の一つとしか思えないが、百高山・百名山の達成は、この時点において、仕事の気象研究以外では、最大の重要な目的とその結果の評価・認識であり、最高の目的達成感を味わう事に繋がる。考えれば、単なる自己満足であるかも知れないが、その時点において踏破数が一つ一つ増えて行く事は、所謂、達成感であり、何物にも変えがたい喜びである。最終に近づくとその程度は大きくなる一方、百高山では相当程度、危険を伴う登山であるため、これは喜びと裏返しである。苦労、危険性があれば、達成感は大きいと考えられる。

　以上、踏破して考える事があったが、余り難しい事を考えないで、単純に達成感を喜びたいと思う。この達成は将来の生活・生存への自信、＋の効果、生き甲斐となると思っている。そして将来、登った山を回顧し、特にNHKの山や自然関連の番組を見て、楽しみ懐かしみたいと目論んでいる。

　今後の計画としては、日本百高・名山共に達成したので、また老齢化したため、高山のピークハンターは止めて、山は適度に登り、自然に親しみ、自然、地形・岩石、植物・植生、気象・雲霧等々を楽しみたいと思っている。

人生において、以降、何年生きられるか判らないが、農業気象環境研究者として、3学会会長や多くの学会賞受賞に加え、紫綬褒章と瑞宝中綬章叙勲を受章・受賞し、概ね満足できる人生であると思う。今後共、研究関係の論文・書籍発行、趣味としての植物・巨樹観察、写真に加えて登山・山行を糧として、年々衰えつつある体を守り、残りの人生を有意義に過ごしたいと思っている。感謝・感激である。

　なお、2022年6月に朝倉書店より『図説 日本の風』（真木、2022）を編著者として出版した。見えない風をあたかも見えるように表現するため多くの写真を利用した。特に山、雲の写真が多く山行の写真が沢山有効利用できた事を大変嬉しく思っている。

　最後に、登山等々で心配・苦労を駆けている妻みどりおよびお世話になっている姉忠子に本書を捧げる事でお礼・終わりの言葉としたい。

2022年11月17日

筑波山のモミジの紅葉を観賞後

真木太一

参考文献

秋田 守，2014：『日本百名山 山あるきガイド上・下』，
　　JTBパブリック，東京，pp.223・pp.223.

猪熊隆之，2012：山岳気象シリーズ②『山岳気象大全』，
　　山と渓谷社，東京，pp.320.

島口寛之，2014：『遥かなる日本七百名山 山登り一代記』，
　　山と渓谷社，東京，pp.284.

スタジオパラム，2015：『まるごと！　筑波山 こだわり完
　　全ガイド』，メイツ出版，東京，pp.128.

塚本良則・塚本靖子，2015：『老夫婦だけで歩いたアルプ
　　ス ハイキング－氷河の地形と自然・人・村－』，山と渓
　　谷社，東京，pp.391.

永田弘太郎，2015：『日本の山はすごい！「山の日」に考
　　える豊かな国土』，山と渓谷社，東京，pp.206.

平井史生，2013：『登山・ハイキングを安全に楽しむため
　　のよくわかる山の天気』，誠文堂新光社，東京，pp.191.

深田久弥，1964（1991）：『日本百名山』，新潮社，東京，
　　pp.535.

真木太一，1998：『緑の沙漠を夢見て』，メディアファクト
　　リー，東京，pp.128.

真木太一，2012：『気象・気候からみた沖縄ガイド』，海風
　　社，大阪，南島叢書，93，pp.114，写真pp.16.

真木太一，2014：『五十年間の研究の歩み「気象環境・農

業気象・人工降雨・黄砂・大気汚染等の研究業績」』，国
際農林水産業研究センター，つくば，pp.100.

真木太一，2018：『自分史－風研究者の記録－』，つくば，
pp.74.

真木太一，2019：『75歳・心臓身障者の日本百名山・百高
山単独行』，海風社，大阪，pp.165，写真pp.8.

真木太一（編），2022：『図説　日本の風－人々の暮らしに
関わる５０の風－』，朝倉書店，東京，pp.175.

真木太一・真木みどり，1992：『砂漠の中のシルクロード
－悠久の自然と歴史』，新日本出版，東京，pp.206.

真木太一・真木みどり，2012：『小笠原案内 気象・自然・
歴史・文化』，南方新社，鹿児島，小笠原シリーズ6，
pp.78，写真pp.16.

真木太一・真木みどり，2014：『自然の風・風の文化』，技
報堂出版，東京，pp.164.

索　引

175

178

179

180

著者プロフィール

真木 太一（まき たいち）

経歴：1944年 1月 愛媛県西条市生まれ、62年 西条高校卒業、66
年 東京農工大学卒業、68年 九州大学大学院修士課程修了、
68〜85年 農業技術研究所・農業環境技術研究所、69〜
71年 第11次南極観測越冬隊員、77〜78年 フロリダ大学
食糧農業科学研究所、85年 四国農業試験場、88年 熱帯農
業研究センター、93年 農業研究センター、95年 農業環境
技術研究所、99年 愛媛大学教授、2001年 九州大学教授、
07年 琉球大学教授、07年 九州大学名誉教授、09年 筑波
大学客員教授、13年（独）国際農林水産業研究センター特
定研究主査、15〜23年 北海道大学農学研究院研究員 現
在に至る。
2005年10月〜2011年9月 内閣府 日本学術会議会員 農学
委員会委員長ほか、2011年10月〜2023年9月 日本学術会
議連携会員

主著：『風害と防風施設』（文永堂出版）、『風と自然』（開発社）、『農業気象災害と対策』（共著 養賢堂）、『緑の沙漠を夢見て』（メディアファクトリー）、『砂漠の中のシルクロード』（共著 新日本出版）、『大気環境学』（朝倉書店）、『風で読む地球環境』（古今書院）、『風の事典』（共著 丸善出版）、『人工降雨』（共著 技報堂出版）、『黄砂と口蹄疫』（技報堂出版）、小笠原案内（共著 南方新社）、沖縄ガイド（海風社）、『自然の風・風の文化』（共著 技報堂出版）、『75歳・心臓身障者の日本百名山・百高山単独行』（海風社）、『図説 日本の風』（編著 朝倉書店）ほか

受賞：1984年 日本農業気象学会賞、2003年 日本農学賞、読売農学賞、2005年 紫綬褒章、2017年瑞宝中綬章ほか

学会長：日本農業気象学会会長、日本沙漠学会会長、日本農業工学会会長を歴任

日本百高山の完全単独踏破

2023年6月15日　初版第1刷発行
2023年9月20日　初版第2刷発行

著　者　真木 太一
発行者　瓜谷 綱延
発行所　株式会社文芸社
　　　　〒160-0022　東京都新宿区新宿1-10-1
　　　　　　　　　電話 03-5369-3060（代表）
　　　　　　　　　　　　03-5369-2299（販売）

印刷所　株式会社フクイン